ARREGLOS CON FLORES SECAS Y DE SEDA

Título original en inglés:
Decorating with Silk & Dried Flowers
© Cy Decosse Incorporated, 1993
© Lerner Ltda.
© Ediciones Monteverde Ltda., 1995
  Para la edición en castellano
  Calle 8B No. 68A-41
  A.A. 8304 - Tel.: 2628200 - Fax: (571) 2624459
  Santafé de Bogotá, D. C. - Colombia

Equipo editorial para la versión en castellano

Director general: Jack A. Grimberg Possin
Gerente editorial: Fabio Caicedo Gómez
Editora: Martha Forero Sánchez
Traducción: A.N.S.F. Traducciones
Jefe de arte: José Miguel Delgado Meléndez
Armada electrónica: Bellany Villamil Florián
Coordinador producción: Edgar Urrego Ruiz

ISBN: 958-9345-17-4
Versión en castellano

Impreso por Lerner Ltda.
Santafé de Bogotá, D. C. - Colombia

Impreso en Colombia
Printed in Colombia

ARREGLOS CON FLORES SECAS Y DE SEDA

80 Proyectos e Ideas

EDICIONES
MONTE
VERDE

CONTENIDO

Arreglos florales

Los arreglos florales . . . . Pág. 7
El diseño floral . . . . Pág. 10
Elaboración de arreglos básicos . . . . Pág. 14
Recipientes . . . . Pág. 16

Sedas y otros materiales artificiales

Pág.

Flores de seda 30
Follaje, semillas, granos y frutas
artificiales 32
Arreglos con una sola variedad . . . 34
Arreglos para centros de mesa . . . 39
Arreglos triangulares con flores
de seda 40
Arreglos en forma de S 43
Arreglos tropicales 47
Arreglos de canastas
de recolección 50
Arreglos con canastas de frutas . . . 54
Arreglos con grupos de plantas . . . 58

Decoración con productos secos

Pág.

Flores y granos secos 62
Follaje seco 64
Bayas, frutas, vainas y
otros productos secos 66
Métodos para secar flores 68
Arreglos con productos
naturales secos 73
Arreglos triangulares
con elementos secos 75
Canastas de pared 78
Jardines miniatura 80

Arreglo de la espuma . . . . Pág. 24

Herramientas y materiales . . . . Pág. 18

Area de trabajo y almacenamiento . . . . Pág. 22

Canastas jardineras . . . . Pág. 85

Coronas festones y otros arreglos

                                                    Pág.
Coronas de gaulteria
o 'salal' y boj   88
Coronas de vid   93
Festones de vid   96
Festones de arándano   98
Ramos florales   103
Guirnaldas flexibles   105
Guirnaldas moldeadas   106
Guirnaldas de madresalva   109
Arbolitos decorativos   110

Accesorios florales

                                                    Pág.
Recipientes decorativos   116
Moldes metálicos decorativos . . .   119
Pomas 121
Detalles florales para la sala   124
Detalles florales para la mesa . .   126
Glosario 128
Indice   130

LOS ARREGLOS FLORALES

Las posibilidades de arreglos con flores van desde los tradicionales centros de mesa, pasando por los festones flexibles para colgar en la pared, hasta los accesorios más imaginativos. Ya sea que se elaboren en seda o con materiales naturales secos o de la combinación de ellos, constituyen un realce de color, al tiempo que suavizan las líneas de una habitación.

Los arreglos son el complemento de cualquier diseño decorativo. A manera de detalles, pueden ser un realce que perdure todo un año o se les utilice como decoraciones de temporada. Aquí indicamos cómo diseñar una canasta de recolección de cosecha para su cocina, un arreglo floral de centro de mesa para el comedor, una corona para la sala o una guirnalda para su alcoba.

Cuando elabore un arreglo floral, tenga presente el lugar donde permanecerá; si se le podrá apreciar desde cualquier ángulo o si lo quiere colocar en una pared o una superficie diferente. Seleccione un estilo de arreglo que sea compatible con su gusto personal y escoja las flores y el recipiente que complementen el diseño decorativo del lugar en su conjunto. Puede usar materiales de seda o florales naturales secos, según el efecto visual que quiera obtener.

Cree accesorios florales elaborados de sobrantes de materiales florales. Decore marcos de cuadros, canastas, candelabros y moldes de alambre, diseñe pomas para colgarlas en una ventana o complete una canasta decorativa. Si desea que su mesa de comedor tenga un toque de distinción, decore una copa, coloque una tarjeta o una bandeja de servicio utilizando flores y follaje.

FORMAS BASICAS DE ARREGLOS FLORALES

Generalmente, los arreglos florales provienen de figuras básicas o formas geométricas, las cuales pueden ir desde las triangulares pasando por las lineales hasta aquellas circulares. Algunas de las más conocidas se pueden apreciar aquí. Las formas básicas pueden ser seguidas en forma exacta o ser variadas para que se acomoden a sus preferencias de estilo personal.

El arreglo en abanico está formado por elementos florales que se distribuyen a manera de radios a partir de un centro para formar un semicírculo.

El arreglo ovalado lo forman elementos florales que perfilan y distribuyen en su cuerpo una forma ovalada ya sea horizontal o verticalmente.

El arreglo en crescendo está formado por elementos florales que se disponen en una curva que termina en suave creciente.

El adorno floral horizontal por lo general es un arreglo de poca altura y se distribuye en una larga línea horizontal, si bien se puede presentar con un ligero arco.

Elaborado en forma de L, el arreglo queda en ángulo de 90 grados en la base. Si se desea, se tiene la opción de invertir la L.

El arreglo circular está formado por elementos florales que delinean y forman el cuerpo de una esfera. Estos arreglos se utilizan con más frecuencia como centros de mesa, debido a que tienen el mismo aspecto desde cualquier ángulo.

El adorno triangular (a la derecha) está formado por elementos florales que conforman un triángulo, el cual puede variar desde las siluetas altas y angostas hasta las bajas y anchas.

El arreglo vertical es un diseño lineal elevado y esbelto.

El arreglo paralelo lo forman dos o más conjuntos verticales de elementos florales, que a veces se encuentran un poco separados. La altura de dichos elementos puede variar o ser uniforme.

Perfilado en S, el arreglo contiene elementos florales de muy grata presentación.

EL DISEÑO FLORAL

Los elementos básicos del diseño floral son: línea, forma, textura y color. Todos han de ser considerados a la hora de elaborar un arreglo dotado de buen diseño que vaya bien con el conjunto de la habitación. Igualmente, se tiene la opción de repetir elementos pertenecientes al esquema decorativo de la sala. Por ejemplo: un arreglo vertical alto en un jarrón fino de cerámica será el apropiado para una sala de ventanas altas y angostas y un esquema decorativo imponente. Al elaborar un arreglo floral, seleccione colores que complementen o contrasten con los colores de la habitación, a fin de evitar que quede con matices muy similares; aplique colores que sean un poco más claros o más oscuros que los de la sala en lugar de hacer coincidir los colores exactamente.

Así mismo, son elementos de importancia los principios de diseño tales como el equilibrio y la proporción. Dichos principios se tratarán en las págs. 12 y 13.

LINEA

La línea significa el movimiento direccional que presenta un arreglo determinado. La línea de un arreglo puede ser recta o curva.

FORMA

La forma describe la configuración básica de un arreglo floral (págs. 8 y 9). En un diseño controlado, los elementos florales encajan en los delineamientos de la configuración o forma. En los diseños de forma libre o flexible, los elementos del arreglo sobrepasan los límites para dar un mayor atractivo visual.

TEXTURA

La textura contribuye a crear el carácter o atmósfera que irradia el diseño. Las superficies lisas reflejan elegancia; las texturas ásperas dan un aspecto rústico. Se debe tener en cuenta la textura tanto de los elementos florales como la del recipiente.

Un solo color puede utilizarse para todo el arreglo. A fin de lograr contraste, pueden incluirse tonos diferentes del mismo color.

Los colores próximos en la rueda cromática armonizan, puesto que poseen el mismo color básico. Por ejemplo, el rojo anaranjado, el rojo y el rojo violeta, poseen todos un mismo color como base.

Uniformemente espaciados, los colores pueden ser combinados en la rueda cromática para lograr efectos contrastantes.

Los colores opuestos de la rueda cromática pueden ser combinados para lograr un fuerte contraste.

EL EQUILIBRIO

Se dice que un arreglo tiene equilibrio apropiado si las flores han sido correctamente colocadas y fijadas al recipiente. Esto no sólo evita que el arreglo decaiga, sino además, que tenga una bella apariencia. El equilibrio visual se logra siempre que un arreglo presenta un aspecto agradable, tal como puede apreciarse en los arreglos simétrico y asimétrico a continuación.

El equilibrio simétrico se obtiene colocando las flores en el recipiente de tal forma que al dividir el arreglo a lo largo de la línea central, se logren dos mitades de aspecto casi idéntico. Los diseños simétricos generalmente presentan un equilibrio visual porque la colocación de las flores a ambos lados es la misma, o casi la misma.

El equilibrio asimétrico deriva de la colocación de las flores en el recipiente de tal forma que al dividir el arreglo a lo largo de la línea vertical central, se obtengan dos mitades con apariencia diferente. No obstante, el diseño sigue teniendo equilibrio, ya que el peso visual de los dos lados es el mismo.

EL PESO VISUAL

Cuando un arreglo está equilibrado, es porque el peso visual de las flores ha sido distribuido uniformemente. Desde el punto de vista visual, cada flor del arreglo posee un determinado grado de peso o énfasis en relación con las demás. Esto es parcialmente determinado por el tamaño de la flor y su color. Para lograr un diseño equilibrado, al disponer las flores en el arreglo, tenga en cuenta la información al respecto que se da a continuación.

El tamaño de una flor afecta su peso visual. Las flores grandes tienen un mayor peso visual que las pequeñas; sin embargo, varias flores pequeñas pueden ser agrupadas hasta alcanzar la misma importancia visual de las grandes.

El color afecta la importancia visual de una flor. Una flor de color claro tendrá menos importancia visual que una de color oscuro y de igual tamaño. Tal vez requiera dos o más flores de color claro para igualar el peso o importancia visual de una flor oscura.

La similitud de línea, tamaño, textura y color hacen que la importancia visual de un elemento del arreglo floral sea igual al de otro elemento. Siempre que se reemplacen elementos similares entre sí, el arreglo mantendrá su equilibrio visual.

ARMONIA Y CONTRASTE

Estos dos aspectos se utilizan para obtener un arreglo floral unificado que vaya bien con el conjunto de su contorno. La armonía se crea cuando el arreglo emplea elementos similares, de manera que el arreglo ofrezca la impresión de pertenecer al lugar donde fue colocado. El contraste se crea cuando el arreglo utiliza elementos que son diferentes a los de su contorno; con ello, se evita que se funda por completo en el contorno de la habitación y produzca un efecto impactante.

La armonía existe siempre que los elementos en el conjunto del contorno se repitan en el arreglo floral. Por ejemplo: los colores suaves se funden bien con el esquema de color de la habitación. Tanto la superficie brillante del espejo como la del recipiente de cristal con canicas, poseen cualidades reflectivas. Las delicadas florecillas de la hortensia reproducen el color y textura del mantelito de encajes de la mesa.

El contraste se presenta cuando los elementos del arreglo floral varían con respecto al conjunto de su contorno. Por ejemplo: la mayoría de colores de este arreglo son de tonos oscuros, a fin de contrastar con sus contornos claros. La textura contrasta con los finos acabados de los cojines y la superficie de la mesa; las líneas angulares del recipiente con las líneas de la tapicería.

PROPORCION Y ESCALA

Constituyen factores de importancia en la elaboración de un arreglo floral que sea compatible con el conjunto de su entorno. Si se desea una proporción adecuada, el tamaño y la cantidad de las flores debe estar en proporción con el tamaño del recipiente. Si desea una escala correcta, el arreglo debe tener el tamaño apropiado para el lugar de ubicación.

La proporción y la escala establecen la relación entre el tamaño y la cantidad de elementos del arreglo y su recipiente; igualmente, relacionan el tamaño del arreglo con su entorno. Por ejemplo: la línea horizontal del arreglo se complementa con la mesa rectangular, además la altura del mismo no interfiere con la conversación. El arreglo está en la escala correcta con las copas y el servicio de mesa para la cena.

ELABORACION DE ARREGLOS BASICOS

Existen elementos y principios de diseño, algunas pautas generales relacionadas con la colocación de los materiales o elementos florales en un arreglo. La práctica más común es la de colocar las flores más grandes y de tonos más oscuros cerca de la base del diseño y las más pequeñas y claras en los bordes exteriores. En los arreglos simétricos, los elementos florales se disponen de manera que queden separados uniformemente entre sí; en los asimétricos, se colocan de tal manera que la importancia visual se distribuya uniformemente en todo el arreglo.

ELEMENTOS DOMINANTES, SECUNDARIOS, DE LLENADO Y DE LINEA

Los elementos dominantes son aquellos de mayor tamaño en el arreglo. Por lo general, se insertan a continuación de aquellos que marcan la línea.

Los elementos secundarios son de menor tamaño que los dominantes y se emplean para completar la configuración del diseño. Se insertan después de los elementos dominantes.

Los elementos de llenado (o complementación) comúnmente consisten en pequeñas flores o follaje. Utilizados para completar los espacios libres que queden en el arreglo, son los últimos en ser colocados.

Los elementos de línea se emplean para dar al arreglo la dirección de línea o trayectoria. Con la inclusión de flores, follaje o ramitas, estos elementos se insertan en primer lugar a fin de establecer la altura y ancho del arreglo.

1 Seleccione los elementos florales y determine la cantidad requerida elaborando un ramillete en la mano. Examine las relaciones de tamaño y color de los elementos y decida si el ramillete es adecuado para el recipiente.

2 Seleccione una de las formas básicas (págs. 8 y 9); en este caso se ha elegido la forma circular para el arreglo. Inserte la espuma en el recipiente y cúbrala (pág. 25), también los elementos de línea en la espuma a fin de establecer la altura y el ancho de la forma seleccionada.

3 Inserte las flores dominantes en el arreglo, separándolas entre sí uniformemente y siempre dentro de la configuración que seleccionó.

4 Inserte las flores secundarias, separándolas entre sí uniformemente y conservando la configuración que seleccionó.

5 Agregue los elementos de llenado o complementación en los espacios libres del arreglo que seleccionó.

6 Ubique un elemento de realce, tal como hiedra, y deje que se extienda por fuera de la configuración de la forma básica.

RECIPIENTES

Constituyen una parte integral de todo arreglo floral y a menudo tan importantes respecto al conjunto del diseño como las mismas flores. Al seleccionar los recipientes, tenga siempre presente el color, la textura, la dirección de su línea y el tamaño del arreglo. Reflexione además sobre la ubicación, para que tanto las flores como el recipiente complementen el esquema decorativo del entorno.

El jarrón es el recipiente floral de uso más común. No por ello se pueden dejar de encontrar otros diferentes entre las vasijas de cocción y de servicio de la cocina. Dé un vistazo a la cocina en busca de teteras, cántaros, tazones y varios implementos hechos en vidrio, porcelana, cerámica o metal. Todos ellos pueden resultar apropiados para elaborar arreglos florales. Un elegante tazón puede ser apropiado para un arreglo formal, mientras que una tetera vieja puede ser el recipiente perfecto para un arreglo de flores secas en un comedor campestre. Para la elaboración de arreglos estilo jardín o para los diseños de aspecto rústico, seleccione una canasta, una maceta en barro o una caja de madera. En conclusión, muchos recipientes se pueden acomodar a cualquier esquema decorativo.

Los recipientes de estilo campestre (a la derecha) frecuentemente están elaborados en materiales naturales e incluyen elementos tales como las canastas de paja y juncos y las macetas en barro. Las regaderas viejas, las canastas metálicas y los cántaros de arcilla se adaptan igualmente a este estilo decorativo.

Los contemporáneos (abajo) poseen formas simples y líneas bien definidas. Utilice jarrones de cristal o de cerámica, macetas de barro y recipientes metálicos que no tengan detalles muy elaborados, a fin de realzar los arreglos y decorados interiores de estilos contemporáneos.

Los recipientes tradicionales *son a menudo elegantes y refinados. Los recipientes metálicos, como la tetera de plata y la dulcera dorada, complementan muy bien los decorados interiores tradicionales. Así mismo, muchas porcelanas, cristales tallados y jarrones de cerámica pertenecen al estilo tradicional.*

HERRAMIENTAS Y MATERIALES

Estos elementos pueden adquirirse en floristerías y almacenes de artesanías.

Lista de los de mayor uso: Herramientas para cortar, adhesivos, alambres y prendedores para los arreglos florales. La espuma floral o goma-espuma (pág. 20) se emplea para mantener los materiales o elementos florales en su sitio; según se vaya a usar material de seda o flores naturales secas; musgo para cubrir la espuma floral. Se pueden utilizar varios acabados (pág. 21) a fin de modificar la apariencia de dichos materiales florales, además los productos secos se protegen por medio de un sellador floral en aerosol.

HERRAMIENTAS DE CORTAR

Se requiere un cortador de alambre para trabajo pesado para cortar el alambre floral, los tallos florales y la vid.

El cuchillo aserrado se usa para cortar la espuma floral para los arreglos en seda y la espuma floral para los arreglos con elementos de plantas naturales secas.

Las tijeras sirven para cortar los extremos de las cintas decorativas. Las flores viejas de seda se restauran cortándoles los bordes deshilachados.

ADHESIVOS

Se usa una pistola de pegante (**a**) para fijar los materiales a una base. El pegante caliente se emplea para fijar la espuma floral al fondo de ciertos recipientes, como las canastas o cestos y las macetas de barro, en los arreglos con partes de plantas secas. Tenga cuidado al aplicar el pegante caliente, pues derrite la espuma (pág. 20) que se utiliza en los arreglos con elementos naturales secos.

La cinta floral (**b**) es angosta, en rollo y que por lo general se presenta en color verde. Elaborada en parafina y papel, se emplea para envolver los alambres y los tallos florales.

El pegante blanco espeso aplicado en manualidades (**c**) se puede utilizar a fin de fijar los pétalos y las hojas a la espuma floral y a otras bases.

La arcilla floral adhesiva (**d**) se usa para fijar a la base la espuma floral de los arreglos en seda. Esta arcilla no se adhiere a la espuma floral que se usa en los arreglos con elementos naturales secos.

ALAMBRES Y PRENDEDORES

Los prendedores florales (**a**), llamados alfileres en U o en S, se emplean para asegurar el musgo u otros materiales florales a la espuma a las bases de paja.

El alambre para tallos (**b**) se usa para prolongar la longitud de los tallos florales y unir entre sí los materiales para el arreglo floral. Se clasifica por calibres que van desde el 16 al 28. Cuanto menor sea el número, más grueso será el calibre.

Los picos de floristería (**c**) se emplean para prolongar la longitud de los tallos florales y para agregar tallos a las frutas artificiales (pág. 26).

El alambre de floristería de paleta (**d**), generalmente de un calibre entre delgado y medio, se envuelve en la paleta. Se utiliza cuando se requieren extensiones de alambre más largas.

Los clavos de ancla (**e**) son pequeños soportes plásticos que se emplean para mantener la espuma floral o goma-espuma en su sitio. Los clavos de ancla se fijan al recipiente por medio de la arcilla adhesiva de floristería.

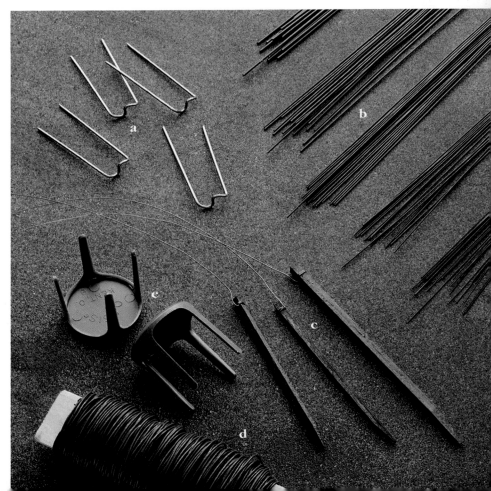

VARIEDADES DE MUSGO

El musgo de hoja (**a**) viene en láminas secas y se utilizan para cubrir la espuma de arreglos florales. Se le puede emplear también de manera decorativa para forrar un recipiente o la base de una corona de flores.

El barbón o musgo negro (**b**) se emplea para cubrir la espuma de los arreglos. Se puede adherir a la espuma por medio de prendedores o clavos de floristería.

El "líquen de los renos" (**c**) posee una textura esponjosa. Se le agrega a los arreglos acabados para darles un mayor atractivo visual.

Las virutas de madera (**d**) se agregan a los arreglos para dar textura y atractivo visual. Estas rizadas cepilladuras de madera se pueden conseguir decoloradas o sin decolorar.

ESPUMAS PARA ARREGLOS FLORALES

La espuma para los arreglos en materiales de seda (**a**) se presenta en forma de lámina, en verde o blanco, y se emplea para sostener y estabilizar los materiales en los arreglos de seda. Se consigue en formas ya elaboradas, como bolas, conos y huevos, que se utilizan para la elaboración de los arbolitos decorativos o las pomas. Igualmente, tiene varias presentaciones para la elaboración de coronas.

La espuma de floristería para los arreglos con elementos naturales secos (**b**) es de tono café parduzco y por lo general viene en bloques. Se utiliza para sostener y estabilizar los materiales naturales secos de floristería en la hechura de los arreglos.

ACABADOS

La pintura en aerosol (a) puede ser aplicada a piñas de pino, al follaje, ramas y vainas para cambiarles el color o darles un acabado metálico.

La pintura acrílica (b) se puede aplicar con pinceles en hojas, pétalos de flores y frutas secas o artificiales a fin de realzar su atractivo visual y su contraste de colores.

El sellador en aerosol de floristería (c) puede aplicarse a los materiales naturales secos a fin de mejorar su resistencia a quebrarse.

La pintura de base de parafina (d) se puede aplicar por frotamiento a los materiales del arreglo floral a fin de proporcionarles un acabado metálico.

AREA DE TRABAJO Y ALMACENAMIENTO

Las mejores áreas para trabajar son los mostradores de cocina y las mesas. Se aconseja laborar cerca de un tomacorriente en caso de usar una pistola de pegante. Es recomendable cubrir las superficies de trabajo con papel periódico y mantener una caneca grande para los desperdicios, precauciones que se toman porque al trabajar con musgo y con elementos naturales secos se puede producir algo de desorden. Para mayor comodidad, utilice una lámina de espuma apropiada para colocar los prendedores de floristería, los picos los clavos plásticos de ancla y los alambres de los tallos.

Cuando se encuentre trabajando en un arreglo, colóquelo a la misma altura a la que quedará exhibiéndose una vez terminado, o póngalo en el sitio donde habrá de ubicarlo a fin de examinar la colocación de los elementos del arreglo floral. En proyectos de tamaños más grandes, como el caso de las guirnaldas, se requiere más espacio para que el proyecto entero pueda manejarse en la superficie de trabajo.

Almacene los materiales de seda perpendicularmente; si se les deja tendidos, pueden arrugarse. Manténgalos alejados de la luz directa del sol con el fin de evitar la decoloración. Guarde los materiales naturales secos colgándolos hacia abajo en ganchos o colocándolos en papel de seda arrugado para almacenarlos en cajas de cartón. Evite que los materiales de plantas naturales secas se decoloren y formen moho, manteniéndolos en un sitio oscuro, seco y ventilado.

CONSEJOS PARA EL
AREA DE TRABAJO

El tablero perforado para herramientas y materiales resulta muy adecuado para sostener un festón de pared mientras se elabora el arreglo. Así es posible apreciar el aspecto que tendrá el festón una vez se coloque en el sitio de exhibición. También es de utilidad para mantener fácilmente al alcance de la mano la cinta floral, las cintas decorativas, y las herramientas de corte.

Las cajas de cartón se utilizan para elevar un arreglo para centro de mesa a la altura que tendrá en el lugar de exhibición. Esto permite una mayor facilidad para lograr el equilibrio y una distribución uniforme de los elementos del arreglo floral.

CONSEJOS PARA EL ALMACENAMIENTO

Los materiales de seda se almacenan fácilmente colocando espuma de floristería en el fondo de una caja de cartón e insertando las flores perpendicularmente en la espuma. La caja se debe cubrir con plástico oscuro para evitar que los materiales se decoloren.

Los materiales naturales secos para los arreglos florales se almacenan colgándo-los en atados. Las cabezuelas de las flores se pueden almacenar en una caja de cartón con un acolchado de papel de seda. En el fondo de la caja puede colocarse un poco de gel de sílice para absorber posibles residuos de humedad. Los materiales planos que se utilicen en los arreglos florales, como el musgo y las hojas, se almacenan colocándolos sobre periódicos arrugados dentro de cajas de cartón.

ARREGLO DE LA ESPUMA

La espuma de floristería para los arreglos en seda y materiales de plantas naturales secas se puede adherir al recipiente en varias formas, según el tipo de espuma y el tipo de recipiente que vaya a utilizar.

La espuma de floristería se emplea como un medio de soporte para fijar y estabilizar las flores de un arreglo. La espuma que se usa para ello, es sólida, diseñada para materiales de seda y materiales artificiales; se presenta en una variedad de formas y se consigue en colores verde y blanco. Los materiales elaborados en partes de plantas naturales secas son frágiles y requieren una espuma de floristería más suave a fin de evitar que los tallos se quiebren al insertarlos.

La espuma de floristería se fija a los recipientes de varias maneras, según el tipo de espuma y el recipiente. El método más sencillo consiste en encajarla de manera ajustada dentro del recipiente para evitar que cambie de posición.

Puede fijarse a la mayoría de los recipientes utilizando pegante caliente. Evite que se peguen entre sí porciones de espuma, ya que las superficies con pegamento se endurecen, lo cual dificulta la inserción de los tallos, lo que a su vez aumenta las probabilidades de ruptura. Si se quiere utilizar la espuma para los arreglos con productos naturales secos junto con la arcilla adhesiva de floristería, fije un clavo de ancla en el fondo del recipiente, utilizando arcilla

adhesiva de floristería; luego, inserte la espuma dentro del recipiente sobre el clavo de ancla.

La espuma de floristería, más sólida, que se utiliza para los arreglos de seda, se fija a la mayoría de los recipientes por medio de la arcilla adhesiva. Por lo general, se evita el empleo de pegante caliente porque derrite la espuma sólida; si se usa es necesario dejar enfriar la superficie donde se aplicó antes de colocarla en contacto directo con la espuma sólida.

La altura de la espuma de un arreglo depende de si se trata de un arreglo vertical u horizontal y del hecho de que los tallos sean flexibles o no. Por regla general, para los arreglos florales verticales, la espuma queda a una distancia de 1,3 a 2 cm (1/2" a 3/4") del borde superior del recipiente. Para los arreglos horizontales o los que cuelgan decorativamente, la espuma queda al mismo nivel o sobresale por encima del borde superior del recipiente. Los tallos de menor flexibilidad necesitan que la espuma quede por encima del borde superior del recipiente aproximadamente en 2,5 cm (1"). Con ello se facilita la colocación de los elementos del arreglo.

ARREGLO DE ESPUMA EN RECIPIENTES QUE NO SON DE VIDRIO

1a. Arreglo floral vertical. Seleccione el tipo adecuado de espuma floral para el arreglo de materiales de plantas naturales secas o el arreglo floral de seda. Córtela con un cuchillo para que quede apretadamente encajada en el recipiente y de 1,3 a 2 cm (1/2" a 3/4") por debajo del borde superior; corte e inserte cuñas de espuma según sea necesario.

2a. Cubra ligeramente la espuma con musgo, fijándolo con prendedores, si es necesario.

1b. Arreglo floral horizontal o arreglo que se descuelga decorativamente. Seleccione la espuma de floristería para un arreglo de materiales naturales secos o uno de seda. Córtela con cuchillo para que encaje ajustadamente en el recipiente y quede a nivel o 2,5 cm (1") por encima del recipiente, dependiendo de la flexibilidad de los tallos florales. Si es necesario, redondee con el cuchillo los bordes superiores de la espuma para evitar que se note en el arreglo acabado.

2b. Cubra la espuma con musgo y fíjelo con prendedores de floristería, en caso de ser necesario.

ARREGLO DE ESPUMA PARA RECIPIENTES DE VIDRIO

Arreglo floral con productos naturales secos. Corte el bloque de espuma de floristería de tal manera que pueda insertarse en el centro del recipiente con espacios libres a sus costados. Aplique la arcilla adhesiva en la base del clavo plástico; fije la espuma al fondo del recipiente de vidrio. Presiónela firmemente sobre los dientes del clavo plástico de ancla. Rellene el área circundante con canicas, pequeñas piñas de pino, o el material que desee.

Arreglo floral de seda. Corte la espuma del tipo sólido de manera que pueda insertarse en el centro del recipiente con espacios libres alrededor de todos sus lados. Aplique la arcilla adhesiva de floristería a la base de la espuma; adhiérala al fondo del recipiente. Rellene el área que la rodea con popurrí de canicas, o pequeñas piñas de pino, u otros materiales que desee.

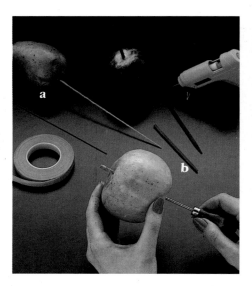

Añada tallos de alambre **(a)** a las frutas y hortalizas artificiales insertándoles alambres gruesos y fíjelos con pegante caliente; oculte el alambre con cinta floral. O coloque picos de floristería **(b)** a las frutas y hortalizas haciéndoles un pequeño orificio con una lezna; inserte un pico en el orificio y fíjelo con pegante caliente.

Dore los elementos del arreglo tales como hojas, alcachofas y piñas de pino, con pintura metálica en aerosol.

Añada tallos a las piñas de pino enrollándolos alrededor de las capas inferiores, retorciéndolos a fin de asegurarlos. Envuelva el alambre con cinta floral antes de fijarlo a las piñas del pino, si así lo desea.

Dé flexibilidad a los tallos de los arreglos florales colocando el alambre de tallo contra el tallo natural y envolviéndolos juntos con la cinta floral.

Aplique con pincel las pinturas acrílicas a los pétalos de las flores o a las hojas para darles realce o dimensión a los elementos.

Prolongue el largo de los tallos florales colocando alambre contra el tallo; sujételos uno con otro usando cinta floral **(a)**. O enrolle los tallos de alambre a los picos **(b)**.

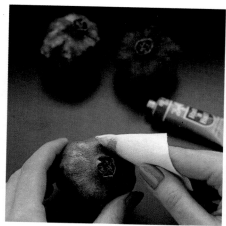

Frote la pintura dorada de base de parafina en los elementos del arreglo floral, tales como granadas, a fin de dar realce.

Doble y dé forma a las hojas y pétalos de los elementos artificiales del arreglo floral para lograr una apariencia más natural.

Realce las varas u otros elementos del arreglo floral con resplandor, escarcha o pintura en aerosol.

Adhiera los tallos de alambre a las cabezuelas de las flores utilizando la pistola de pegante caliente. Oculte el alambre envolviéndolo con cinta floral.

Proteja los elementos naturales secos frágiles contra el resquebrajamiento rociándolos con un sellador floral en aerosol.

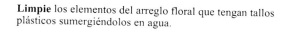

Limpie los elementos naturales secos del arreglo floral y los elementos de seda de envoltura a mano utilizando un secador de cabello a fin de desprender el polvo.

Limpie los elementos del arreglo floral que tengan tallos plásticos sumergiéndolos en agua.

Sedas y otros
materiales
artificiales

FLORES DE SEDA

Seda es el término general que se utiliza para describir cualquier material artificial relativo a los arreglos florales, incluyendo los que están elaborados realmente en seda, a más de los de poliéster, pergamino o látex. Por regla general, las flores de 'seda' poseen tallos de alambre, lo que las hace flexibles; los tallos de alambre se cubren con cinta floral o con plástico. Las flores provistas de tallos plásticos tienen un menor costo. Las flores artificiales o flores de seda se consiguen en la mayoría de floristerías, en las tiendas de jardinería y en los almacenes de artesanías.

Ranúnculus o
Botón de oro

Anturio

Margarita o Gerber

Escaramujo Oloroso o
Rosa Muerta

Lirio
Iris

Armeria

Consuelda o Espuela
de caballero

Rosas miniatura

Delfinio

Forsitia

Hortensias

Clavelina o Aliento
de bebé

Peonía

Beliconia

Girasol

Astromelia

Fresia

Begonia

Ave del paraíso

Rosa

Minutisa o Primavera

Lilas

Astilbe

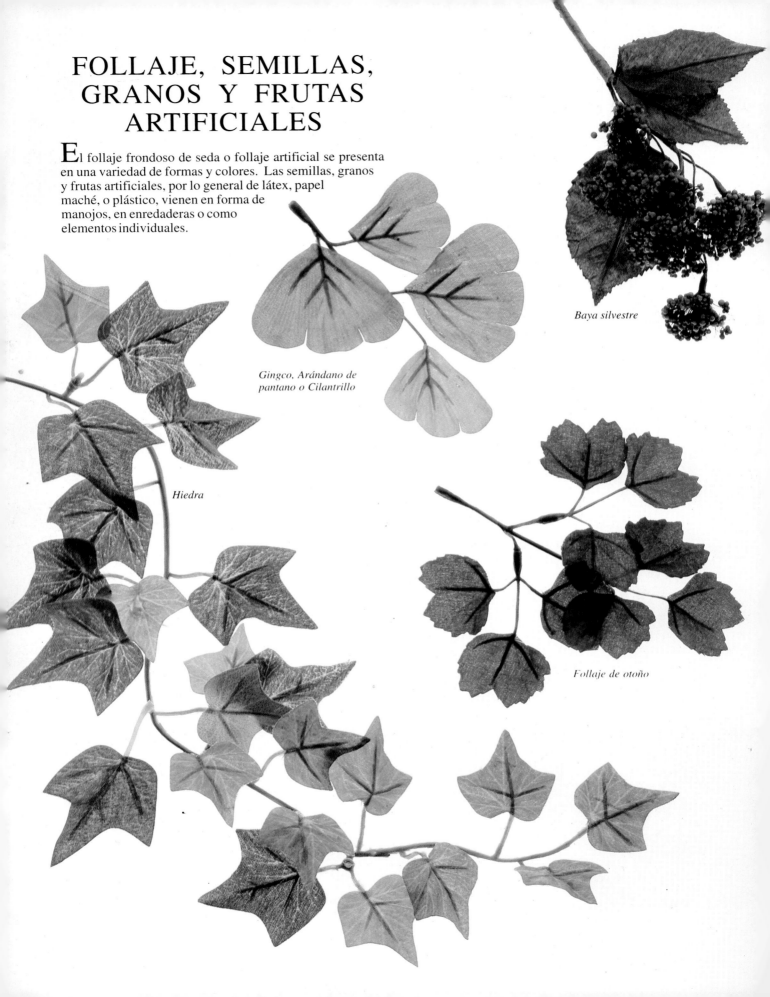

FOLLAJE, SEMILLAS, GRANOS Y FRUTAS ARTIFICIALES

El follaje frondoso de seda o follaje artificial se presenta en una variedad de formas y colores. Las semillas, granos y frutas artificiales, por lo general de látex, papel maché, o plástico, vienen en forma de manojos, en enredaderas o como elementos individuales.

Baya silvestre

Gingco, Arándano de pantano o Cilantrillo

Hiedra

Follaje de otoño

Begonia

Enredadera de
calabaza

Yerba de yuca glauca
o Yerba de oso

Caladio o
Acorazanada

Escaramujo de rosa
o Pomarrosa

Uvas

Pera

ARREGLOS CON UNA SOLA VARIEDAD

Con una sola variedad de flores, dispuestas en un jarrón, es posible crear un arreglo sencillo pero de gran impacto. Algunos capullos de un color pueden resultar un detalle sorprendente. La apariencia de flores recién cortadas se puede lograr exhibiendo el arreglo en un recipiente de vidrio transparente.

ELABORACION DE UN ARREGLO CON UNA SOLA VARIEDAD DE FLORES

MATERIALES

- Lirios de seda (o artificiales) u otra flor
- Recipiente de vidrio transparente
- Canicas transparentes

- Espuma sólida para los arreglos de seda
- Arcilla adhesiva de floristería
- Cortador de alambre; cuchillo aserrado

1 Inserte la espuma sólida de floristería utilizada para los arreglos de seda, en el recipiente de cristal; cúbralo con las canicas (pág. 25).

2 Inserte las flores en la espuma, espaciándolas entre sí en el recipiente y disponiéndolas de alturas diferentes. Doble un poco hacia abajo los tallos próximos a los bordes superiores para darles una apariencia natural.

Los tallos individuales, cada uno ocupando su propio jarrón, se presentan aquí como un conjunto para crear impacto.

MAS IDEAS PARA ARREGLOS CON FLORES DE UNA SOLA VARIEDAD

Varios colores de una sola variedad resultan de una presentación audaz si se les coloca en un abigarrado jarrón artístico.

Los bulbos artificiales se colocaron en jarrones de cristal de diseño especial. Se les insertó azafranes para lograr un efecto realista.

ARREGLOS PARA CENTROS DE MESA

Los centros de mesa se diseñan para ser apreciados desde todos los ángulos y por lo general poseen formas simétricas. Elaborados en materiales de seda, los arreglos de centro de mesa pueden funcionar como estacionales, de temporada o se les puede exhibir todo el año. Presentan variaciones de altura y de tamaño, según el uso que se les pretenda dar. Los arreglos bajos resultan ideales para la mesa de comedor, en tanto que los más altos producen un efecto espectacular en una mesa de sofá o sobre un pedestal.

ARREGLO DE SEDA PARA CENTRO DE MESA

MATERIALES

- Rosas de seda u otro tipo de flor dominante
- Botones de rosa de seda y otras secundarias
- Minutisa (también llamada ciento en rama o primavera) de seda o flores de relleno o complementación
- Arándano de pantano u otro material de relleno
- Begonia de seda o cualquier otra planta frondosa de floración

- Una maceta de latón o bronce u otro recipiente que seleccione adecuadamente para el arreglo
- Espuma para arreglo de seda
- Barbón o musgo negro
- Corta-alambres; cuchillo aserrado
- Prendedores o clavos de floristería

1 Inserte la espuma en el recipiente y cúbrala (pág. 25). Coloque las rosas en la espuma, espaciándolas uniformemente. Doble los tallos y las hojas tanto como sea necesario a fin de darle a las flores un aspecto natural.

2 Corte la begonia en la base de los tallos, con un corta-alambres. Alargue los tallos con alambre o con los picos de floristería según se requiera (pág. 26); insértela en el arreglo, espaciándola uniformemente.

3 Ponga los botones de rosa uniformemente por todo el arreglo, de manera que el centro de mesa luzca con un equilibrio correcto desde todos los ángulos.

4 Corte los tallos de minutisa o ciento en rama de las longitudes deseadas; inserte las flores uniformemente en el arreglo con el fin de llenar los espacios libres o claros.

5 Inserte uniformemente los tallos de 'marsh barries'. Ajuste las flores u hojas para conservar el equilibrio del diseño y dar una apariencia natural.

ARREGLOS TRIANGULARES CON FLORES DE SEDA

Los arreglos triangulares han sido diseñados para colocarse contra una pared o en el rincón de la sala. Utilice las flores y el follaje de seda a fin de crear el diseño triangular que se ilustra aquí, siguiendo las instrucciones que se dan en cada paso. O, si lo prefiere, elabore cualquiera de los arreglos básicos que se describen en las págs. 8 y 9 con la inserción de elementos que sean precisos para obtener la forma que se desee.

ARREGLO FLORAL TRIANGULAR DE SEDA

MATERIALES

- Margaritas de seda u otras flores dominantes
- Ranúnculus o botón de oro y almizcleña (una variedad de jacintos) u otro tipo de flores secundarias
- Eremerus - vela del desierto de seda u otro tipo de flores de relleno
- Hiedra jaspeada u otro tipo de follaje

- Forsitia de seda u otro elemento de línea
- Maceta de latón o bronce u otro tipo de recipiente apropiado para el arreglo
- Espuma sólida de floristería para el arreglo de seda
- Un corta-alambres; cuchillo aserrado; prendedores o clavos de florista

1 Inserte la espuma en el recipiente, y cúbrala (pág. 25). Inserte la forsitia en la espuma, colocando un tallo alto en el centro y uno corto a cada lado a fin de establecer la altura y el ancho del arreglo. Ajuste la longitud de los tallos, si lo desea.

2 Siga insertando la forsitia y la hiedra en el arreglo, dando la forma que desea; coloque parte de los elementos del arreglo en la parte posterior del mismo. Los elementos que van en el centro, se dejan hacia arriba; y los que se colocan en los costados apuntan hacia el exterior.

3 Inserte las margaritas en el arreglo, espaciándolas de manera uniforme con el fin de conservar el equilibrio en los tres costados del mismo.

4 Inserte el ranúnculus o botón de oro y la almizcleña de manera uniforme, colocando una variedad a la vez, para que el arreglo luzca equilibrado.

5 Coloque vela del desierto en el arreglo para llenar los claros.

LOS ARREGLOS EN FORMA DE S

Los arreglos asimétricos perfilados en forma de S pueden apreciarse desde tres costados y por lo tanto vienen bien colocados contra una pared o en un rincón. El diseño se construye dándole forma de S a los elementos de seda que proporcionan la línea o dirección del arreglo. Se insertan las flores dominantes en el diseño curvado y a continuación se completan los espacios libres con flores de llenado y follaje, obteniéndose un arreglo floral en forma de S.

ELABORACION DE UN ARREGLO FLORAL EN FORMA DE S

MATERIALES

- Delfinio de seda u otro tipo de elemento floral para dar línea
- Rosas de seda u otra clase de flor dominante
- Armeria de seda y hortensias u otras flores de relleno o complementación del arreglo
- Un jarrón alto u otro recipiente que desee

- Espuma sólida para los arreglos florales de seda o arreglos artificiales
- Barbón o musgo negro
- Corta-alambres; un cuchillo aserrado
- Prendedores o clavos de floristería

1 Inserte la espuma en el recipiente y cúbralo con el musgo (pág. 25). Inserte el delfinio de seda, colocando una porción en el lado izquierdo y apuntando hacia arriba y otra porción en el lado derecho, descolgándose decorativamente hacia abajo. Configure los tallos en forma de S.

2 Corte un tallo de rosa de menor longitud y colóquelo en el centro, apuntando hacia el frente del recipiente; corte cualquier exceso de follaje y póngalo aparte. Inserte las demás rosas y doble los tallos tanto como sea preciso para mantener el perfil de S.

3 Inserte los tallos de hortensias para completar la forma de S. Los tallos más largos del lado izquierdo deben quedar curvados hacia arriba y hacia abajo los del costado derecho. Los tallos de flores del centro se cortan de menor tamaño con el fin de preservar la forma del diseño.

4 Inserte armeria espaciándola de manera uniforme en la curva de la S. Acomode las demás hojas, si quedan, en el centro del arreglo a fin de llenar cualquier claro. Doble los tallos tanto como sea preciso para conservar la forma de S.

MAS IDEAS PARA LOS ARREGLOS FLORALES DE SEDA

Los colores de otoño dominan el arreglo floral de la izquierda, el cual combina los elementos de seda con los productos naturales secos, con lo cual se logra un atractivo efecto de textura. El aspecto rústico se realza con el recipiente en barro, insertado en otro metálico.

Los colores opuestos en la rueda cromática se utilizan en el arreglo que aparece a la derecha para crear un efecto espectacular con un jarrón de cristal. Se han combinado ranúnculus, dragones y lirios junto con dauco.

Los colores de la primavera se aplicaron en el arreglo en crescendo que aparece abajo. Los materiales de línea se configuraron de tal manera que le diera esta forma en particular al diseño.

ARREGLOS TROPICALES

Las flores tropicales resultan ser una expresión de imponencia o espectacularidad. Comúnmente se les arregla de manera asimétrica tal como aparecen en esta página y en ocasiones se les da una configuración simétrica (pág. 49). No es raro que los arreglos tropicales sean el complemento de interiores contemporáneos; no obstante, los arreglos pequeños se pueden acomodar a otros estilos decorativos y una oportunidad muy propicia para exhibir flores tropicales artificiales en una fiesta, a manera de detalle decorativo de realce.

ELABORACION DE UN ARREGLO TROPICAL ASIMETRICO

MATERIALES

- Raíz de jengibre heliconia de seda, ave del paraíso y anturio u otra clase de flores dominantes
- Hojas de seda de 'ti', plantas jaspeadas y plantas de caladio u otra clase de follaje
- Vainas secas de fruto de loto u otras
- Recipiente bajo

- Espuma sólida para los arreglos de seda o artificiales
- Barbón o musgo negro
- Corta alambres; cuchillo aserrado; prendedores o clavos de floristería

1 Inserte la espuma en el recipiente y cúbrala (pág. 25). Inserte dos hojas de 'ti' en el lado derecho; y una en el centro, apuntando hacia arriba. Dé forma a las hojas como guste.

2 Inserte algunas hojas jaspeadas o veteadas en el centro para darle altura al arreglo e inserte otros tallos en el frente y el costado derecho. Inserte las hojas de caladio alrededor del reborde del recipiente para llenar los claros.

3 Agrupe las flores por variedades a fin de darles mayor notoriedad y coloque la raíz de jengibre heliconia en el centro con alturas diferentes y el anturio en el lado derecho.

4 Corte dos tallos de ave del paraíso; insértelos en el lado izquierdo en el frente del recipiente. Coloque uno en el centro que tenga la altura aproximada de la raíz de jengibre heliconia. Inserte las vainas del fruto de loto cortados en diferentes alturas para colocarlos en el lado derecho del arreglo con el fin de darle textura y peso visual.

MAS IDEAS PARA ARREGLOS TROPICALES

Variedades tropicales en tonos borgoña y blanco se mezclaron en este arreglo con yerba de yuca glauca o yerba de oso y plumosa para lograr un diseño elegante. Se colocaron en una malla dorada que cubre el jarrón y que ha sido decorado con cordón y flecos que hacen juego.

Las flores tropicales grandes (a la derecha) en tonos naranja y rojo se utilizaron juntas para producir un impacto audaz. Usted puede combinar ave del paraíso, melífera (monarda fistulosa) y raíz de jengibre heliconia para crear esta imponente presentación.

*Aquí, **las orquídeas** (izq.) se arreglaron de manera vertical en un jarrón de vidrio. El diseño se suaviza con sauce común y yerba de yuca glauca o yerba de oso. Este arreglo produce un buen efecto en una sala tradicional debido a su forma simétrica y el jarrón de cristal tallado.*

Flores tropicales mixtas, *incluyendo el anturio, pezuña del diablo heliconia, ave del paraíso y orquídeas, se combinaron para lograr este imponente diseño asimétrico. Se le agregó sauce común como detalle puramente visual.*

Las canastas o cestos de recolección de la cosecha, utilizadas para recolectar los frutos de la tierra, pueden ser recreadas con flores de seda y frutas de látex. Una canasta se adapta a cualquier estilo de decoración interior, desde el tradicional hasta el contemporáneo, incluyendo el estilo campestre, combinando flores y follaje junto con otros elementos. Los elementos para estos arreglos pueden cambiarse con facilidad para reflejar la temporada o un día festivo en particular.

MATERIALES

- Girasoles de seda u otras flores dominantes
- Rosas y botones de rosa de seda u otras flores secundarias
- Begonia de seda u otra planta frondosa
- Follaje de otoño en seda y gingco u otros elementos de llenado o complementación
- Dos racimos de manzanas artificiales u otra fruta grande que mida entre 3,8 a 6,5 cm (1 1/2" a 2 1/2") de diámetro
- Cinco racimos de uvas artificiales para tratar de equilibrar con la colocación de las manzanas
- Varias extensiones de 51 cm (20") de enredadera de madreselva
- Corteza de nogal americano o pacana y una manija del mismo material de 30,5 cm x 38 cm (12" x 15")
- Espuma sólida de floristería para el arreglo artificial o de seda
- Barbón o musgo negro
- Corta-alambres; cuchillo aserrado; prendedores o clavos de floristería

ARREGLO PARA CANASTA DE RECOLECCION

1 Inserte la espuma en el recipiente y cúbrala (pág. 25). Envuelva las enredaderas de madreselva alrededor de la canasta e inserte los extremos en la espuma.

2 Corte los tallos de girasol de modo que las flores disminuyan en forma escalonada su altura desde la parte superior de la manija de la canasta hasta el reborde de la misma. Insértelos, colocando los tallos más altos a la izquierda y los más cortos cerca de los bordes exteriores.

3 Coloque los picos de floristería a las frutas (pág. 26). Inserte las manzanas en el costado derecho hacia el frente de la canasta y luego en el centro el tallo central de la planta de begonia. Deje que los tallos de la planta se descuelguen entre los demás elementos.

4 Corte todos los botones de rosa de la misma altura; insértelos uniformemente en el lado derecho del arreglo. Doble y dé forma a los tallos y hojas para lograr una apariencia natural.

5 Inserte los racimos de uva en el lado izquierdo y deje que se descuelguen sobre el frente de la canasta. Corte los tallos de rosas e insértelos en diagonal a la izquierda.

6 Corte el follaje en las longitudes e insértelo en los espacios libres del arreglo.

Una canasta festiva *exhibe la flor de pascuas (o flor de fuego) como flor dominante, junto con bayas y nueces artificiales que se prolongan sobre los costados de la canasta. Un lazo dorado y verde sujeta entre sí los retoños verdes de cedro y acebo. Las ramitas se utilizan como elementos de línea.*

Esta canasta de primavera *presenta racimos de flores primaverales. Un pajarito de fantasía con varios nidos sirve como detalle decorativo. Los huevecillos artificiales se cubrieron con pétalos tal como se describe en la pág. 121.*

La canasta de cocina
(pág. anterior) se ha llenado con clavos decorativos, trigo, vainas de amapola y zetas. A los clavos decorativos se les aplicó una capa de sellador acrílico en aerosol. Como detalles de realce se utilizaron enredaderas de madreselva y un lazo de arpillera.

Esta canasta de hortalizas *(a la derecha) presenta un arreglo de hortalizas. Las enredaderas de calabaza se trenzan en la manija de la canasta. Las vainas de guisantes se descuelgan por la izquierda y la calabaza pende sobre el borde de la canasta.*

Las canastas de frutas son un arreglo tradicional que resulta excelente como centro de mesa, ya sea en el comedor o en la propia cocina. Funcionan a la perfección en los ambientes informales. Utilice elementos de temporada o seleccione un color o un tema que haga juego con el esquema decorativo del espacio en cuestión. Si prefiere los arreglos descomplicados, compre frutas de látex, plástico o de papel maché con tallos de alambre o de madera. O colóqueles tallos propios utilizando los alambres para tallo o los picos de madera (pág. 26).

ARREGLO PARA UNA CANASTA DE FRUTAS

MATERIALES

- Frutas tales como manzanas, ciruelas, granadas, uvas, peras, melocotones y cerezas, con tallos de alambre o de madera
- Enredaderas de calabaza de seda u otro follaje frondoso
- Una canasta
- Espuma sólida para el arreglo floral artificial o de seda

- Alambre para arreglos florales artificiales de calibre 16 y cinta floral; o picos de madera y lezna si la fruta no viene ya con tallos de alambre
- Corta-alambres; un cuchillo aserrado; prendedores de floristería
- Pistola de pegante caliente y barras de pegante

1 Inserte la espuma en la canasta (pág. 25). Cubra la espuma con barbón o musgo negro, musgo de lámina o una combinación de los dos. Combine los musgos para dar un aspecto de mayor textura y naturalidad.

2 Coloque los picos o alambres a la fruta, si fuere necesario (pág. 26). Arregle la fruta por variedad y color. Seleccione el color dominante, para el ejemplo el púrpura, e inserte primero los elementos más grandes, variedad por variedad; deje que las uvas se descuelguen sobre los bordes de la canasta. Reserve los detalles más pequeños de color púrpura para insertarlos después. Examine el equilibrio del arreglo después de la inserción de cada variedad.

3 Seleccione el segundo color dominante, en este caso será el rojo, e inserte uniformemente la fruta en la canasta, variedad por variedad; reserve los detalles rojos más pequeños para colocarlos posteriormente.

4 Repita el paso 3 para las demás frutas, espaciándolas uniformemente en toda la canasta. Revise el equilibrio del arreglo desde todos los ángulos.

5 Coloque los detalles más pequeños en la canasta para llenar los claros y para establecer el equilibrio de color en todo el arreglo. Inserte la enredadera de calabaza para llenar los claros que quedan y, a la vez, para suavizar el diseño. Doble y dé forma a los tallos para crear una apariencia natural.

Esta canasta metálica (arriba)
combina manzanas, uvas, piñas
de pino y nueces para crear un
arreglo festivo. El eucalipto de
semilla se aplicó como material
de relleno o complementación.

La urna de cerámica
(pág. anterior) reemplaza a la
canasta tradicional y se convierte
en un centro de mesa de estilo
clásico. Los racimos de uvas
cuelgan por los lados y crean un
efecto impactante. La hiedra se
utilizó como elemento de llenado,
las enredaderas de madreselva se
dispusieron en espiral a través de
todo el arreglo.

La canasta de parra (a la
derecha) combina las frutas
estivales y los melones. Se le
agregaron bayas para crear un
efecto de textura y contraste de
color.

ARREGLOS CON GRUPOS DE PLANTAS

Las plantas y los arbustos producen contrastes visuales y se utilizan a menudo para suavizar las líneas de una sala. A los arreglos en grupos se les ha denominado *paisajes de plantas* porque crean hermosos despliegues. Una planta individual, como la hiedra, es eficaz si se deja descolgar desde una alacena o se acomoda en una repisa en medio de los portafolios. Las plantas de mayor tamaño, lo mismo que los arbustos, se emplazan en los rincones de la sala o para llenar los espacios entre los muebles. Las de seda (o plantas artificiales) pueden colocarse en áreas en las que resultaría difícil que crecieran naturalmente tal como sucede bajo la mesita de un sofá o sobre un armario. Las plantas de seda o plantas artificiales no necesitan del intenso cuidado que exigen las naturales. Además, los arreglos individuales o en conjunto pueden modificarse con facilidad en cada estación o temporada, solamente reemplazando una planta o una variedad de flor.

Los helechos (arriba) se colocaron sobre una repisa en idénticas macetas y se dispusieron para crear un efecto de equilibrio.

Aquí se combinaron flores con una variedad de plantas frondosas de seda. El arreglo en grupo se puede adaptar fácilmente para otras temporadas con el reemplazo de las peonías y los geranios por la flor de pascua (o flor de fuego) o girasoles o narcisos trompones.

En este arreglo, **la hiedra** se descuelga por la alacena para contrarrestar sus pronunciados bordes.

El arbusto de ficus (izq.) es el punto focal de un arreglo en grupo. Las enredaderas de madreselva forman una espiral alrededor del arbusto y se aseguraron con alambre para arreglos florales. Las plantas artificiales se dispusieron en la base del ficus. Una planta adicional de maceta aparece cerca del ficus para completar el arreglo en grupo.

Las plantas domésticas de este arreglo, exhibidas en grupo sobre una mesa, contribuyen a unificar la colección de cerámicas.

Decoración con productos secos

FLORES Y GRANOS SECOS

Los elementos secos utilizados en los arreglos florales son partes de plantas naturales que han sido deshidratadas para que puedan preservarse por largos períodos. Las flores que se han secado al aire generalmente se encogen, disminuye la intensidad del color y adquieren una apariencia de mayor textura. Las flores que se secan con gel de sílice o que se preservan secas por congelación, conservan generalmente su forma original, si bien es posible que su color cambie ligeramente. Los productos naturales secos para arreglos florales pueden adquirirse en buena parte de las floristerías, jardinerías y tiendas de artesanías. O, si lo prefiere, usted mismo puede secarlos, según las indicaciones que se dan en las págs. 68 a 71.

Cardamina o Variedad de lepidio

Lavándula

Espiga de trigo

Yerbas surtidas

Limonio

Leptospermum

Ruscos

Botón de oro

Hortensia

Cinnias

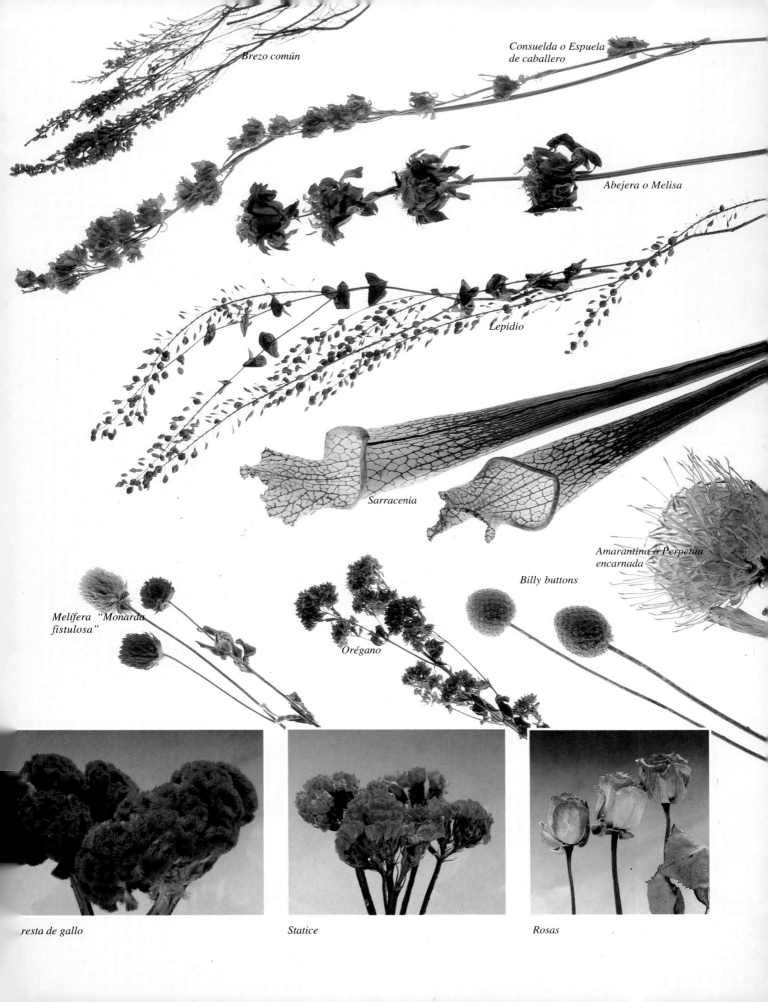

Brezo común

Consuelda o Espuela de caballero

Abejera o Melisa

Lepidio

Sarracenia

Amarantina o Perpetua encarnada

Billy buttons

Melífera "Monarda fistulosa"

Orégano

resta de gallo

Statice

Rosas

FOLLAJE SECO

Puede conseguirse en muchas variedades. Algunas clases de follaje fresco se pueden secar al aire, tal como se indica en la pág. 70. Las otras variedades se pueden preservar en glicerina, la que les da una mayor flexibilidad y las hace menos quebradizas al trabajarlas. El follaje seco y el preservado se consiguen en floristerías, jardinerías y en tiendas de artesanías.

Espiral

*Espina de pescado
o Helecho de Boston*

Eucalipto con semillas

*Hoja de Violeta
o Galax*

Eucalipta

*Helecho de cuero
o Arándano*

Culantro o cilandrillo

Eucalipto
silver dollar

"Monarda
fistulosa"

Boj

Yerba de yuca glauca
o Yerba de oso

Ficus
Gualteria - Salal

BAYAS, FRUTAS, VAINAS Y OTROS

Muchas de las variedades de bayas, frutos pequeños, vainas, piñas de pino y frutas secas se adquieren en floristerías, jardinerías y tiendas de artesanía. Puede secar sus propios productos, como se describe en la pág. 70.

Alcachofa

Nueces surtidas

Vainas de frutos de loto

Enredadera de Madresalva

Bulbo de ajo

Granos de pimiento

*Vainas de
Amapola*

Conos de pino surtidos

Vainas de nigela

*Granos de
canela*

Granadas

METODOS PARA SECAR FLORES

Limonio

Lino

Delfinio o Espuela de caballero

Caspia

La aplicación correcta de los procedimientos sobre secado de elementos naturales y el empleo de algunos´ métodos, facilitan mayor creatividad en los diseños. Puede secar al aire o con gel de sílice. Las flores secadas al aire pueden conservar sus tallos durante el proceso; ya secas, quedarán de tamaño más reducido y sus pétalos y hojas tendrán apariencia arrugada. Las flores secadas con gel se desprenden antes de sus tallos; luego de terminado el proceso, se les pueden volver a colocar (pág. 26). Con este método, las flores conservan aspecto, formas y tamaños casi idénticos a las originales, previas al proceso.

El secado al aire *sobre una malla es muy eficaz en el caso de los "billy button", melífera (monarda fistulosa), y los girasoles.*

SECADO AL AIRE

Hay varios métodos para el secado al aire para los elementos florales. Gran parte de las variedades se secan colgándolas al revés (parte superior). Las hojas, ramas, musgos y vainas se secan usualmente en posición tendida. Algunos materiales, como las yerbas ornamentales, se secan colocándose verticalmente en un recipiente.

Otros son puestos a secar verticalmente en un recipiente con poca agua, la cual retarda el período de secado y contribuye a que los materiales de plantas naturales conserven sus formas y colores. Los elementos naturales empleados en la elaboración de arreglos florales que tengan cabezas grandes, como es el caso de la alcachofa, la melífera y los girasoles, se ponen a secar sobre una malla metálica. Los elementos naturales que se quiebran fácilmente sometiéndolos al proceso de secado o deshidratación, como sucede con el brazo común, boj y gaulteria se pueden arreglar si están frescos y se dejan secar en el mismo arreglo floral.

El tiempo de secado de los materiales varía según la densidad, la humedad y la temperatura. Este fluctúa entre cinco y quince días en la mayoría de los casos.

Siempre que aplique el proceso de secado de los elementos naturales para arreglos florales, colóquelos en un sitio oscuro, seco y con buena ventilación. Una vez secos, se podrán almacenar como se describe en las págs. 20 y 21.

Liatris   Mimosa   Brezo común   Aciano

SECADO CON GEL DE SILICE

La gel de sílice es un polvo que seca la la flor y la deja con una apariencia de lozanía en pocos días. Tiene la propiedad de absorber la humedad de las flores sin afectar sus formas naturales. Además, es reutilizable.

A fin de obtener resultados óptimos, seleccione las flores poco tiempo antes de que alcancen su plena florescencia; la mayoría de las flores que se someten al secado una vez han alcanzado su plena florescencia no conservan los colores con tanta fidelidad como las que secan antes, además tienden a deshacerse después del secado. Si emplea flores de jardín, selecciónelas en el punto que contengan menor grado de humedad, lo cual significa que se debe hacer en la mañana o casi al final de la tarde. Las flores de intensos tonos de rosa, anaranjado, amarillo, azul o púrpura, conservan bien su color. Las flores rojas tienden a ennegrecerse después de secas y los tonos pastel y blanco pueden tornarse castaños.

El secado con gel de sílice es muy adecuado para las peonías, rosas y ásteres.

Las flores con pétalos delgados pueden secarse de dos a tres días; aquellas más densas pueden tardar de cinco a siete días. Examine las flores todos los días que dure el proceso de secado para que no se resequen y se tornen quebradizas.

Las flores que se secan con la gel de sílice se vuelven muy frágiles; es necesario manejarlas con cuidado al elaborar el arreglo e insertándolas en último lugar. Si le sobran flores secadas con la gel, guárdelas en una caja, como se describió en las págs. 22 y 23. Coloque un poco de gel en la caja para que absorba la humedad que quede.

Secado vertical sin agua. Coloque las ramas o las hierbas en un recipiente seco; déjelas así hasta que sequen.

Secado vertical con agua. Vierta agua en el jarro hasta una profundidad de 5 cm (2"). Retire las hojas inferiores de los elementos del arreglo y colóquelas verticalmente en el jarro; déjelas así hasta que sequen. El agua evaporará y ayudará a preservar las flores.

Secado vertical en malla metálica. Coloque la malla metálica sobre una caja honda. Inserte los tallos de las flores a través de la malla, quedando así las cabezuelas de las flores apoyadas en ella. Si es necesario, utilice papel de seda para apoyar las cabezuelas de las flores.

Secado invertido. Seleccione las flores antes que florezcan plenamente. Retire las hojas inferiores; corte las áreas deterioradas. Forme un atado sin que quede apretado y con las cabezuelas de las flores escalonadas para que el aire pueda circular entre ellas de manera uniforme. Asegure el atado con una banda de caucho cerca de los extremos de los tallos.

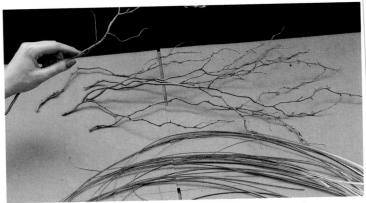

Secado en posición tendida. Coloque las hierbas, varas, hojas o los musgos tendidos sobre cartón o papel periódico; déjelos allí hasta que sequen. Voltee los elementos de vez en cuando para que sequen de manera uniforme.

FORMAS DE SECADO DE FLORES AL AIRE

FORMA PROPUESTA	VARIEDAD DE SECADO
VERTICAL SIN AGUA	Ramas; espadañas; hierbas ornamentales; sauce común; acelga silvestre.
VERTICAL CON AGUA	"Baby's breath"; yerba de yuca glauca o yerba de oso, delfinios, híbridos; hortensias; mimosa dauco.
VERTICAL EN MALLA	"Billy button" alcachofas redondas; peonías; melífera (monarda fistulosa); rosas; girasoles.
POSICION METÁLICA	Campanillas de Irlanda; caspia; amarantina (o perpetua encarnada); granos; hierbas; consuelda; lavándula; liatris; mimosa; nigella; peonías; rosas; armería.
SECADO TENDIDO	Yerba de yuca glauca o yerba de oso; ramas;

SECADO DE FLORES CON GEL DE SILICE

MATERIALES

- Cabezuelas de flor
- Gel de sílice; recipiente de cierre hermético
- Papel periódico; corta-alambres
- Cuchara ranurada; brocha de cerdas suaves

1 Corte los tallos a no más de 2,5 cm (1") de las cabezuelas de las flores. Llene el recipiente con la gel de sílice para que quede con una capa de un espesor de 3,8 a 5 cm (1 1/2" a 2") de gel.

2 Coloque las flores hacia arriba en la gel de sílice. Espolvoree suavemente entre los pétalos de las flores.

3 Cubra las flores completamente con la gel de sílice. Tape herméticamente el recipiente; deje transcurrir un período de secado de dos a siete días. Haga revisiones diarias durante este período para cerciorarse de que las flores no se vayan a secar en exceso y a tornar quebradizas.

4 Saque las flores de la gel de sílice, sacuda el recipiente y deposite suavemente parte de la gel sobre un periódico. Una vez que las flores queden libres de la gel en el recipiente y se hagan claramente visibles, levántelas utilizando una cuchara ranurada.

5 Elimine los sobrantes de gel de sílice de los pétalos de las flores con una brocha suave. Si se desprenden algunos pétalos, use pegante. Rocíe las flores con sellador floral en aerosol (pág. 21). Seque la gel de sílice de acuerdo con las instrucciones de fábrica con el fin de reutilizarla.

ARREGLOS CON PRODUCTOS NATURALES SECOS

Usted podrá crear hermosos arreglos para centros de mesa que puedan adaptarse a diferentes ambientes, dependiendo de los materiales que seleccione. Utilice finos elementos florales secos y verdor preservado de fresca apariencia para diseñar un arreglo con toque romántico; o, si lo prefiere, utilice vainas, espadañas y granos secos para dejar entrar el campo a su hogar.

Comúnmente, los arreglos florales para centros de mesa poseen formas simétricas debido al hecho de que se diseñan para que puedan apreciarse desde todos los ángulos. Se recomienda, al estar elaborando el arreglo, apartarse de vez en cuando para apreciarlo mejor y realizar los ajustes necesarios en la posición de las flores, con el propósito de mantener el equilibrio del diseño.

ARREGLO PARA CENTRO DE MESA CON ELEMENTOS NATURALES SECOS

MATERIALES

- Coxcomb y rosas secas u otras dominantes
- Hortensias secas u otras secundarias
- Vainas secas de amapola y consuelda en dos colores u otro elemento de relleno o complementación
- Lepidio seco u otro tipo de elemento para dar línea al arreglo
- Culantro (o cilandrillo) preservado y hojas de 'galax' u otro tipo de follaje
- Un recipiente
- Espuma floral para arreglos con materiales naturales secos
- Musgo negro o barbón
- Corta alambres; cuchillo aserrado; prendedores de floristería

1 Inserte la espuma para arreglos florales en el recipiente y cúbrala (pág. 25). Inserte el lepidio en la espuma y dé forma al arreglo.

2 Coloque las hojas de 'galax' en la parte central para llenar los vacios. Inserte el coxcomb en el arreglo, espaciándolo de manera uniforme por todo el diseño.

3 Ponga las rosas, espaciándolas en forma simétrica por todo el arreglo; si lo desea, coloque alambre a los tallos (pág. 26). Inserte las hortensias, espaciándolas de la misma manera para llenar la forma esférica del mismo.

4 Inserte las vainas de amapola como elemento de contraste, espaciándolas uniformemente en todo el arreglo. Luego la consuelda espaciándola uniformemente, insertando primero todas las flores de un color y luego las del segundo color.

5 Inserte el culantro para llenar los claros y deje que se descuelgue ligeramente.

ARREGLOS TRIANGULARES CON ELEMENTOS SECOS

Los arreglos triangulares se destinan para ser colocados contra una pared u otra superficie de forma tal que sólo tenga tres planos de visibilidad. Para preservar la apariencia de flores secas, en el arreglo que aparece aquí, la melífera (monarda fistulosa) se seca en gel de sílice aplicando el procedimiento descrito en la pág. 71. Los espacios libres entre el recipiente de cristal y la espuma del arreglo se llenan decorativamente con popurrí o pebete.

ARREGLO TRIANGULAR CON ELEMENTOS NATURALES SECOS

MATERIALES

- Melífera seca u otro tipo de flores dominantes
- Alcachofas secas u otro tipo de flores secundarias
- Gaulteria o 'salal' seco, hojas de melífera, y helechos u otro tipo de follaje seco
- Sauce crespo
- Un recipiente de cristal
- Espuma floral para los arreglos de elementos naturales secos
- Popurrí o pebete; barbón o musgo negro
- Corta-alambres; cuchilla aserrada; arcilla adhesiva; clavo plástico de ancla

1 Inserte la espuma para arreglo floral en el recipiente (pág. 25), colocándola de tal forma que queden espacios libres por todos los costados. Llene dichos espacios con el popurrí. Deje caer un poco de popurrí encima de la espuma.

2 Coloque tallos de alambre a la melífera (pág. 25). Inserte la melífera y luego la alcachofa en la espuma, espaciándolas de manera uniforme. Inserte las flores más altas recargadas hacia la parte posterior y las más cortas alrededor de los lados y el frente.

3 Inserte el follaje seco, variedad por variedad, para llenar los claros; mantenga los tallos más altos puestos hacia atrás. Inserte el sauce crespo en la parte posterior del arreglo para realzar la altura. Acomode el musgo negro alrededor del reborde del recipiente.

MAS IDEAS PARA ARREGLOS FLORALES CON ELEMENTOS NATURALES SECOS

Esta regadera *para plantas presenta un arreglo triangular de estilo campestre, con trigo, eucalipto, rosas y uvas.*

La canasta jardinera se arregló *con hortensias surtidas y tallos de consuelda. Las campanillas de Irlanda dan un toque de textura a este centro de mesa.*

Esta **taza de cristal** complementa un arreglo festivo de centro de mesa hecho con boj, cedro y eucalipto 'silver dollar'. Las rosas de color rosado y las bayas de pimiento realzan el color del arreglo, en tanto que las piñas de pino y las vainas del fruto del loto producen el efecto de textura. Las piñas de pino han sido fijadas a los tallos de alambre que a su vez fueron recubiertos con cinta floral.

La maceta de latón (abajo) sostiene elementos naturales secos y frutas artificiales. Los elementos que dan la línea del arreglo configuran el perfil de este diseño triangular.

recipiente metálico pintado contrasta con las flores de tono intenso de e arreglo para centro de mesa. Se combinó el brezo común y el xcomb con los ramos de rosas y de amarantinas (o perpetuas carnadas).

CANASTAS DE PARED

Las canastas para colgar en la pared pueden rellenarse con materiales o elementos naturales secos de línea. Igualmente, se le pueden agregar flores dominantes y secundarias, según desee. Un toque decorativo muy apropiado es el de una cinta o un lazo de rafia.

ARREGLO PARA CANASTA DE PARED

MATERIALES

- Eucalipto u otro tipo de material de línea para el arreglo
- Rosas, siemprevivas, amarantinas (o perpetuas encarnadas) secas y vainas secas de nigella u otros elementos de llenado del arreglo

- Canasta para colgar en la pared
- Espuma para arreglos florales con productos naturales secos
- Musgo de hoja o lámina
- Corta-alambres
- Alambre para arreglos florales, calibre 22

1 Forre la canasta con musgo. Corte espuma del tamaño adecuado para que encaje en la canasta. Inserte el alambre a través de la espuma y coloque una varita entre el alambre y la espuma; tire del alambre a través de la espuma en dirección a la parte posterior.

2 Inserte la espuma en la canasta. Tire el alambre a través de la parte posterior de la canasta; enrósquelo para asegurarlo. Cubra la espuma con musgo de hoja; humedezca ligeramente el musgo con agua.

3 Inserte los ramitos de eucalipto en la espuma; ábralos en abanico uniformemente.

4 Inserte los elementos de llenado, variedad por variedad, y con espacios entre sí uniformes.

En el diseño europeo, los elementos individuales se agrupan en áreas separadas en lugar de combinárseles a lo largo y ancho del arreglo. Los arreglos florales de estilo europeo que semejan a los jardines miniatura, se adaptan muy bien a los ambientes de vida informales; por otra parte, es posible lograr una apariencia más formal con la utilización de recipientes decorativos de latón o bronce o de cerámica recubiertos con pintura.

Como contraste visual, frutas y bayas o frutas pequeñitas pueden combinarse entre las flores. Los jardines miniatura pueden elaborarse con materiales o elementos de diferentes alturas, los mayores se colocan en el centro o en la parte posterior del recipiente y los menos elevados se distribuyen cerca de los bordes. Pueden utilizarse elementos de altura similar de acuerdo con patrones geométricos, como se ilustra en la pág. 82.

JARDIN MINIATURA CON ELEMENTOS DE ALTURAS DESIGUALES

MATERIALES

- Consuelda seca y limonio u otra clase de elementos para proveer de línea al arreglo
- Siemprevivas, amarantinas (o perpetuas encarnadas)
- Ericácea u hoja de cuero preservado u otro follaje seco
- Frutas artificiales, tales como manzanas y uvas, fijadas a tallos de alambre o de madera

- Recipientes rectangulares
- Espuma para arreglos florales con materiales naturales secos
- Musgo de hoja
- Corta-alambres; cuchillo aserrado; tijeras
- Prendedores o clavos en U para arreglos florales

1 Inserte la espuma de floristería en el recipiente y cúbrala con musgo; fije el musgo con prendedores de floristería (pág. 25). Corte el exceso de musgo con tijeras o insértelo por los costados del recipiente.

2 Llene aproximadamente un tercio de la superficie del recipiente sobre el lado izquierdo con consuelda o con los elementos de mayor altura para darle línea al arreglo y con una separación de los bordes de 3,8 cm (1 1/2"). Inserte el limonio a unos 5 cm (2") aproximadamente de la consuelda.

3 Inserte las manzanas de tallo de alambre (pág. 26) entre los dos elementos de línea, cerca del fondo. Coloque los racimos de uvas al frente de la consuelda, insertando el segundo un poco más alto que el primero; déjelos descolgar.

4 Inserte las demás flores alrededor de los elementos de línea del arreglo, variedad por variedad, en racimos individuales. Coloque los tallos más grandes cerca del centro y los más cortos cerca de los bordes externos. Los tallos más próximos al centro se colocan apuntando hacia arriba y los que se encuentran más próximos a los bordes se inclinan hacia afuera.

5 Inserte la ericácea u hoja de cuero para llenar los claros; si es necesario, combínela entre las flores.

JARDIN MINIATURA DE IGUAL ALTURA

MATERIALES

- Elementos naturales secos como alcachofas miniatura, vainas de nigella, coxcomb, granadas, vainas de amapola, siemprevivas y bulbos de ajo, todos pequeños
- Un recipiente rectangular
- Espuma para arreglos con elementos naturales secos

- Musgo de hoja o lámina
- Corta-alambres; un cuchillo aserrado
- Cuerda
- Pistola de pegante caliente

1 Inserte la espuma en el recipiente y cúbrala (pág. 25). En caso de que los elementos naturales secos tengan tallos, córtelos a una distancia de entre 2,5 y 3,8 cm (1" y 1 1/2") por debajo de la cabezuela de la flor o de la vaina.

2 Divida el recipiente en secciones del mismo tamaño utilizando una cuerda. Aplique pegante a los tallos o por debajo de los elementos naturales secos. Inserte en cada sección una variedad diferente, manteniendo el mismo nivel para todos los elementos del arreglo.

MAS IDEAS PARA JARDINES MINIATURA

Una caja de paja *(izq.) es el recipiente para este jardín miniatura que combina lavándula, rosas y centeno en un arreglo paralelo que otorga un espacio igual para cada grupo de elementos. El arreglo tiene una altura de 25 cm (10") por encima del borde superior de su recipiente.*

El jardín miniatura de sombra está conformado por un arreglo colorido de flores dispuestas en hileras diagonales. Se utilizó pegante para adherir las flores a la base de espuma cubierta de musgo que se cortó de la medida precisa para que encajara en el recipiente en forma de caja.

Una caja de madera (a la derecha) es el recipiente para este jardín miniatura que contiene granos, espadañas, girasoles y vainas de amapola, dispuestos en grupos verticales. Se le insertó un arreglo de frutas secas y artificiales cuyos tallos llegan cerca a la base del recipiente.

CANASTAS JARDINERAS

Las canastas o cestos para piso que contienen macetas con arreglos florales, transportan los jardines al interior de las casas. Utilice una como detalle decorativo de realce cerca de la chimenea o de su silla preferida. Estos arreglos versátiles en canastas van muy bien además en alcobas y encima o alrededor de los vanos de las puertas. Se componen de tres macetas de arcilla acomodadas en una canasta grande, cada una de las cuales se llena con productos naturales secos y se rodea de musgo en los espacios libres de la canasta.

CANASTA JARDINERA

MATERIALES

- Rosas, orégano seco, consuelda u otros elementos naturales secos
- Una canasta con manija de aproximadamente 38 x 46 cm (15" x 18")
- Tres macetas de arcilla o barro, de alrededor de 15 cm (6") de diámetro
- Espuma floral para arreglos florales con elementos naturales secos
- Musgo negro o barbón y musgo en hoja o lámina
- Corta-alambres; cuchillo aserrado
- Pistola de pegante caliente

1 Corte una capa delgada de espuma de la forma y tamaño que encaje en el fondo de la canasta. Adhiera la espuma a la canasta utilizando pegante caliente. Cubra la base de cada maceta con pegante caliente y presiónela contra la base de espuma, si lo prefiere, con una ligera inclinación hacia los costados de la canasta.

2 Corte la espuma en pedazos y encájelos entre las macetas y la canasta de modo que queden a 5 cm (2") por debajo de los bordes superiores de las macetas. Cubra la espuma con musgo y adhiérala con pegante caliente. Inserte también espuma en los tiestos de arcilla y cúbrala con musgo negro (pág. 25).

3 Inserte una variedad de elementos naturales secos en cada maceta, empezando desde el centro y hacia los costados en círculo hasta obtener la espesura deseada. Los tallos de las hileras exteriores podrán tener una menor altura que los que van en el centro. Las flores agrupadas en una sola variedad pueden colocarse a cada lado de la manija de la canasta. Si lo desea, rellene los espacios alrededor de los bordes de las macetas con más musgo.

Coronas,
festones y
otros arreglos

CORONAS DE GAULTERIA
O 'SALAL' Y BOJ

Las coronas son hermosos realces en puertas y paredes, ya sea para una estación o temporada en particular o para complementar el esquema decorativo de una sala. Un diseño de belleza duradera se puede lograr con la utilización de follaje perdurable para la base y flores secas o preservadas para la ornamentación. El gaulteria o 'salal' o el boj frescos son la elección perfecta para la base: una semana después de elaborada la corona, las hojas se habrán secado y ondulado, lo que da como resultado una hermosa exhibición de follaje verde en tonos medios a pálidos. Con el fin de preservar la belleza de la corona, se debe colgar en un sitio alejado de la humedad y de la exposición directa de la luz solar. El follaje se puede fijar a una base de alambres o una base de paja, en racimos pequeños o por tallos individuales, dependiendo de la espesura de los tallos.

CORONA DE GAULTERIA O 'SALAL' CON BASE DE ALAMBRES

MATERIALES

- Gaulteria o 'salal' fresco
- Rosas secas u otra clase de flores dominantes
- Armeria preservado u otras flores de relleno
- Una base de alambres para coronas de flores
- Alambre en paleta para arreglos florales de calibre 22 ó 24, cortado en longitudes de 38 a 46 cm (15" a 18")
- Corta-alambres
- Pistola de pegante caliente

1 Corte el gaulteria o 'salal' fresco en longitudes comprendidas entre 15 y 20,5 cm (6" a 8"). Haga manojos de cuatro a seis longitudes del mismo y envuélvalo con alambre. Coloque el manojo en la base de alambres; asegúrelo enrollando el alambre del manojo alrededor de la base y pasándolo a través de la parte posterior de los alambres de la corona para luego trazarlos en el frente.

2 Fije los demás manojos de gaulteria o 'salal' a la base, superponiéndolos a cada uno de los anteriores a fin de ocultar el alambre, hasta cubrir toda la base de la corona.

3 Fije los adornos a la corona con pegante caliente. Inserte primero las flores dominantes, seguidas de las flores de relleno; distribúyalas con separación uniforme entre sí por toda la corona.

4 Cuelgue la corona en el lugar elegido, dejándola reposar hasta que seque. Gírela de vez en cuando durante el período de secado, de manera que las hojas se ondulen uniformemente alrededor de la curva natural de la corona.

CORONA DE GAULTERIA O 'SALAL' CON BASE DE PAJA

MATERIALES

- Una corona de paja ya elaborada
- Gaulteria o 'salal' fresco; eucalipto con semillas fresco
- Rosas y coxcomb secos u otras flores secas
- Yerba de yuca glauca o yerba de oso seco
- Musgo en lámina y hoja

- Corta-alambres; prendedores o clavos en U para arreglos florales; cinta floral
- Picos de floristería con alambre de 7,5 cm (3")
- Pistola de pegante caliente

1 Adhiera el musgo en lámina a la parte superior y lados de la corona de paja, utilizando pegante caliente. Si lo desea, empañe ligeramente el musgo en lámina antes de fijarlo a la corona, con el fin de hacerlo más manejable.

2 Corte los tallos de gaulteria o 'salal' fresco a no más de 5 a 7,5 cm (2" a 3") de las hojas inferiores del tallo, usando el corta-alambres; fije varios tallos a la corona por medio de prendedores o clavos en U. Coloque el gaulteria o 'salal' de manera escalonada y cubriendo las partes interior, superior y exterior de la corona.

3 Siga cubriendo la corona con gaulteria o 'salal', superponiendo los manojos unos con otros, según sea necesario, para ocultar los prendedores o clavos en U. No cubra por completo el musgo, ya que es un elemento que contribuye al conjunto del diseño.

4 Corte los tallos de las flores secas en longitudes entre 10 a 15 cm (4" a 6"); únalos a los picos de floristería con alambre enrollado tal como se describió en la pág. 26. Inserte las flores secas en la corona a discreción.

5 Inserte el eucalipto de semilla en la corona y fíjelo con pegante caliente. Oculte los extremos del eucalipto bajo el gaulteria o 'salal' y entreteja las ramas a través del gaulteria o 'salal' con el objeto de mantenerlos en su lugar. Una varios tallos de yerba de yuca glauca o yerba de oso a los picos de floristería con alambre enrollado, e insértelos, en la corona.

6 Cuelgue la corona floral en el sitio escogido y deje que se seque. Hágala girar de vez en cuando para que las hojas se ondulen de manera uniforme alrededor de la curva natural de la corona.

CORONA DE BOJ CON BASE DE ALAMBRES O BASE DE PAJA

1 Elabore una corona con base de alambre tal como se describió en la pág. 88, pasos 1 y 2, o haga una corona con base de paja según el procedimiento de la pág. anterior, pasos 1 a 3; en lugar de gaulteria o 'salal' inserte boj fresco. Fije los adornos tales como granadas, rosas, alcachofas, lepidio (o cardamina) y las bayas de pimiento, adhiriéndolos a la corona con pegante caliente.

2 Cuelgue la corona en el sitio elegido y déjela secar. Dele vueltas mientras transcurre el período de secado para que las hojas se ondulen uniformemente alrededor de la curva natural de la corona.

Las coronas de vid o parra pueden complementar cualquier estilo decorativo. Las bases para coronas de vid se presentan en diferentes formas. El tamaño de la corona se puede ampliar, al tiempo que se le imprime una apariencia suelta y graciosa, con un aire a bosque, mediante la adición de enredadera de madreselva a la base. Se puede elaborar un diseño compacto al cubrir algunas partes de la vid con musgo en lámina. Ornamente la corona con una botella de vino, racimos de uvas y macetas de arcilla para el diseño de corona vinatera campestre que se ilustra aquí. O seleccione entre una gran variedad de adornos para elaborar las coronas que aparecen en las págs. 94 y 95.

MATERIALES

- Corona de vid (o parra)
- Enredadera de madreselva
- Hortensias y lavándula secas
- Hierbas surtidas secas
- Hiedra de seda
- Racimos de uva artificial
- Dos macetas de arcilla
- Una botella vacía de vino
- Rafia
- Corta-alambres; alambre para arreglos florales enrollado en una paleta, y de calibre 22
- Pistola de pegante caliente

CORONAS DE VID

CORONA CAMPESTRE-VINATERA DE VID

1 Asegure varias sartas de enredadera de madreselva a la corona utilizando alambre de arreglo floral. Envuelva holgadamente la enredadera alrededor de la corona, haciendo que las sartas de madreselva se extiendan desde la base de vid; asegúrelas.

2 Aplique pegante caliente a la base de la botella de vino e insértela a la maceta de arcilla. Envuelva alambre de floristería por debajo del borde superior de la maceta y retuérzalo para asegurarlo; déjele extremos de 12,5 cm (5"). Adhiera el alambre a la maceta en dos costados utilizando pegante. Fije la maceta a la corona por medio de los extremos de alambre; fije la maceta a la corona con pegante.

3 Anude rafia alrededor de la maceta a fin de ocultar el alambre y el pegante. Adhiera tantos trozos de musgo como desee utilizando pegante.

4 Quiebre en pedazos la otra maceta. Pegue los trozos grandes cerca de la base de la maceta con la botella de vino; pegue tantos pedazos pequeños como desee a la corona.

5 Corte secciones de hiedra; inserte los tallos en la corona y fíjelos con pegante caliente. Entreteja la hiedra alrededor de las enredaderas de madreselva.

6 Inserte los racimos de uvas en la corona y fíjelos con pegante caliente; concentre los racimos cerca de la botella de vino.

7 Aplique pegante caliente a las hortensias; fíjelas a la corona. Haga atados de lavándula y colóquelos en la parte inferior de la corona. Llene los claros con hierbas surtidas y fíjelas.

Esta corona en forma de corazón ha sido ornamentada con musgo en lámina, rosas arregladas en maceta, manojos de lavándula y pimientos.

Estas coronas miniatura se arreglaron casi como gemelas para aumentar el impacto visual. La corona ha sido realzada con musgo en lámina, pensamientos y botones amarillos de rosa a fin de imprimirle un aspecto romántico.

La corona de frutas (pág. al frente) cubierta con eucalipto 'silver dollar' y hojas artificiales de arce, ha sido recubierta con frutas artificiales y rebanadas de fruta seca. Las piñas de pino y las varitas le dan al arreglo una apariencia boscosa.

Esta corona de otoño posee una base de parra y follaje adicional. Frutas, pequeñas hortalizas, hortensias, vainas de amapola y girasoles en pequeñas macetas adornan la corona, a la que rodean enredaderas de madreselva.

La elaboración de un festón de vid resulta fácil a partir de una corona de vid o parra ya hecha, que se corta en dos mitades. El festón se cuelga sobre una chimenea o se aplica para la decoración de una pared.

Decore el festón de la manera que usted mismo prefiera para que haga juego con el conjunto del esquema decorativo de su ambiente. La caspia se puede reemplazar por consueldas y el atado de trigo se puede sustituir con un ramo de rosas.

MATERIALES

- Una corona de parra ya hecha
- Eucalipto en dos tonos u otro elemento para darle línea al arreglo
- Granos secos de canela o los granos o bayas de su gusto
- Caspia seca u otro material de relleno
- Un atado de trigo seco u otro elemento en manojo
- Alambre calibre 22 ó 24 para arreglos; corta-alambres
- Pistola de pegante caliente

FESTON DE VID

1 Corte la corona de vid en dos mitades con un corta-alambres o tijeras para podar. Una las mitades tal como se aprecia en la foto, amarrándolas con alambre.

2 Aplique el pegante caliente a los extremos del eucalipto, completando primero el de un color para seguir con el otro; inserte los tallos de eucalipto alrededor del centro del festón, espaciándolo de manera uniforme y con diferentes profundidades de colocación.

3 Aplique pegante a los tallos de los granos de canela e insértelos en el festón; distribuya los granos entre el eucalipto con diferentes profundidades de colocación.

4 Adhiera el haz de trigo al centro del arreglo con un poco de pegante y presiónelo con firmeza para acomodarlo en su lugar. Sosténgalo así por unos cinco minutos para que el pegante se afirme.

5 Aplique pegante a las ramitas de caspia; insértelas en el festón o guirnalda para llenar los claros, según sea necesario.

FESTONES DE ARANDANO

Los festones de arándano ornamentan cualquiera de los espacios cerrados de su casa. Pueden tener una forma arqueada o presentarse como un festón dividido, lo cual quiere decir que ofrece dos posibilidades muy diferentes de diseño. Elabore su propia base en varitas para realizar el arreglo que aparece a la izquierda. O utilice una base ya hecha para elaborar el festón dividido que se ilustra en la pág. 100. Embellezca arcos y divida con flores de seda o con flores secas o si lo prefiere, combinando las dos clases.

Se pueden lograr apariencias similares al arreglo que aparece en esta pág. con la sustitución de abedul, sauce crespo o de arándano por la gaylussacia. En las floristerías se podrán conseguir muchas variedades de ramas o usted mismo puede recolectarlas. Las bases para festones, ya hechas, se elaboran comúnmente en abedul y otro tipo de ramas.

MATERIALES

- Ramas de arándano u otra clase de ramas que usted desee
- Culantro (o cilandrillo) y brezo común fresco u otros elementos para proporcionar el relleno del arreglo
- Peonías de seda u otras flores dominantes
- Sarracenia seca y rosas de seda u otras flores secundarias
- Racimos de uvas u otras frutas artificiales

- Yerba de yuca glauca o yerba de oso seca
- Base de alambres para corona provista de sujetadores alámbricos
- Corta-alambres; cinta para arreglos florales
- Pistola de pegante caliente

1 Seccione la base de alambre de la corona y extiéndala para darle forma de arco. Fije los manojos de arándano a la base, envolviendo los sujetadores de la corona alrededor de los manojos.

2 Corte el cilandrillo en ramitas de entre 20,5 a 25,5 cm (8" a 10"); insértelas entre el festón en ángulos diferentes y adhiéralas con pegante caliente. Inserte el brezo en el festón y fíjelo también con pegante caliente.

3 Corte los tallos de las flores en longitudes entre 15 a 25,5 cm (6" a 10"). Inserte las peonías, seguidas de las rosas, espaciándolas por todo el arreglo de manera uniforme; adhiéralas con pegante caliente.

4 Inserte los racimos de uvas en el festón y fíjelos con pegante caliente. Inserte la sarracenia, espaciándola uniformemente; asegúrela con pegante caliente.

5 Forme de seis a ocho manojos pequeños de yerba de yuca glauca o yerba de oso uniendo varios tallos por los extremos con cinta floral. Aplique pegante caliente a los extremos de los manojos; insértelos, espaciándolos uniformemente a fin de suavizar la apariencia del arreglo.

FESTON DIVIDIDO HECHO
CON ARANDANO

MATERIALES

- Base para festón dividido, ya elaborada, hecha en arándano u otra clase de ramas
- Begonia de seda u otra planta artificial o de seda
- Tres delfinios de seda u otras flores de seda para dar línea al arreglo
- Eneas secos y leptospermum para el relleno del arreglo
- Bayas o frutas pequeñitas artificiales
- Corta-alambres; pistola de pegante caliente

1 Inserte un tallo de delfinio en cada sección del festón; fíjelo con pegante caliente. Corte en varias secciones el otro tallo de delfinio y déjelo aparte.

2 Corte eneas y el leptospermum en longitudes entre 12,5 cm a 20,5 cm (5" a 8"); adhiera con pegante algunos eneas a cada sección del festón, siguiendo la dirección de las ramas del arándano y espaciándolas uniformemente.

3 Corte los tallos de la planta de begonia. Si es necesario, colóqueles picos de floristería (pág. 26). Aplique pegante a los extremos e insértelos uniformemente en el festón.

4 Inserte parte del leptospermum en cada sección del festón y fíjelo con pegante. Llene los claros del arreglo con las secciones cortadas de delfinio. Pegue las bayas o frutas pequeñas cerca al centro del festón.

RAMOS FLORALES

Las flores pueden agruparse para crear detalles decorativos florales con multiplicidad de aplicaciones. Los ramos florales se cuelgan en una puerta o en el pilar de una cama o se les puede colocar en una mesa. Pueden estar conformados por yerbas como decoración en la cocina, por flores que decoren una alcoba o hechos de ramas para decorar el hall o pasillo de entrada en los días festivos.

RAMOS FLORALES

MATERIALES

- Rosas de seda u otra flor dominante
- Lilas de seda de dos colores u otras flores secundarias
- Gingco de seda o artificial
- Banda de caucho.
- Cinta decorativa o rafia para elaborar un lazo o moño

1 Coloque el follaje en una superficie plana, distribuyendo los tallos en forma de abanico, tal como se aprecia en la foto, con el fin de conformar la base.

2 Coloque las lilas sobre el follaje, en forma de abanico. Inserte las rosas más pequeñas con sus tallos metidos bajo las lilas, cerca al follaje. Coloque las rosas grandes sobre las lilas. Si fuere necesario, alargue la longitud de los tallos florales con tallos de alambre (pág. 26).

3 Sujete los extremos de los tallos con una banda de caucho. Cúbrala con rafia o cinta decorativa. Si lo prefiere, empareje los extremos de los tallos, cortándolos.

GUIRNALDAS FLEXIBLES

Las guirnaldas son accesorios decorativos muy versátiles que van bien en cualquier sala o habitación. Pueden ser colocadas en las cabeceras de las camas, en repisas, cuadros o alrededor de los vanos de las entradas. De fácil elaboración, las guirnaldas flexibles de seda se hacen trenzando las flores con tallos de alambre a cualquier guirnalda de hiedra. Si lo desea, puede fijar a la guirnalda los elementos que no poseen tallos de alambre, con la utilización de alambre de floristería para asegurarlos más adecuadamente.

GUIRNALDA FLEXIBLE

MATERIALES

- Rosas de seda u otras flores dominantes
- Almarilidiáceas y astilbe de seda u otras flores secundarias
- Rosas miniatura de seda u otras flores de relleno
- Una guirnalda de hiedra en seda de 2,75 m
- Dos plantas de hiedra de seda, una, toda de color verde y la otra, veteada
- Alambre para arreglos florales calibre 22, enrollado en paleta, y un corta-alambres, para las flores de seda que no tengan los tallos de alambre

1 Corte los tallos de las plantas de hiedra; para mayor espesura, envuelva los tallos alrededor de la guirnalda, con algunos zarcillos extendidos.

2 Inserte las rosas, espaciándolas uniformemente por toda la guirnalda; sujételas envolviendo los tallos alrededor de la guirnalda.

3 Inserte el astilbe en la guirnalda, colocándolo entre las rosas con los tallos envueltos alrededor de la guirnalda. Inserte la almarilidiácea, espaciándola uniformemente; enrolle los tallos alrededor de la guirnalda.

4 Inserte las rosas miniatura para llenar los claros; enrolle sus tallos alrededor de la guirnalda.

GUIRNALDAS MOLDEADAS

Las guirnaldas florales de delicadas formas le imprimen un toque romántico a las paredes o mesas. Para producir un llamativo efecto visual, cuelgue una guirnalda sobre un espejo grande o moldee una guirnalda alrededor de una puerta si desea suavizar las líneas rectas y las esquinas angulares. Una guirnalda moldeada puede servir también como centro de mesa cuando se realiza el arreglo a lo largo del centro de la mesa de cualquier comedor.

Diseñe la base de la guirnalda cubriéndola de siempreverde con musgo negro o barbón. Si quiere diseñar una guirnalda de mayor tamaño, añada dos o más guirnaldas de siempreverde.

MATERIALES

- Una guirnalda de siempreverde de 1,85 m
- Hortensias o agavanzos de seda u otras flores dominantes
- Fresias de seda u otras flores secundarias
- Clavelina 'o aliento de bebé', astilbe y ramitos de arándano amargo, todos artificiales o de seda, u otros elementos de relleno o complementación para el arreglo
- Dos guirnaldas de hiedra de 2,75 m
- Una planta de hiedra de seda
- Enredadera de 'berry' (mora silvestre)
- Barbón o musgo negro
- Varitas de arándano (gaylussacia) y enredadera de madreselva, opcionales
- Cinta decorativa, opcional
- Nylon
- Corta-alambres
- Pistola de pegante caliente

GUIRNALDA MOLDEADA

1 Rodee con musgo negro o barbón la guirnalda de siempreverde, de tal forma que el siempreverde apenas sí se entrevea; el musgo se adhiere naturalmente a la guirnalda. Amarre el nylon en uno de los extremos de la guirnalda y envuélvalo alrededor en forma de espiral para encajar bien el musgo; anude el nylon en el otro extremo. (En este caso, se utilizó una cuerda blanca para ilustrar mejor el procedimiento).

2 Enrolle las guirnaldas de hiedra alrededor de la base y en direcciones opuestas, trenzando las enredaderas alrededor de la base a fin de sujetarlas bien. Envuelva la enredadera de mora silvestre alrededor de la guirnalda de siempreverde con algunos zarcillos extendidos. Corte los tallos de la planta de hiedra y péguelos a la guirnalda y deje algunos zarcillos extendidos.

3 Corte todos los tallos de las flores de longitudes entre 7,5 y 12,5 cm (3" a 5"). Fije las hortensias y los agavanzos, variedad por variedad, aplicando pegante caliente en una franja de hasta 3,8 cm (1 1/2") del extremo inferior de los tallos.

4 Fije la fresia a la guirnalda, tal como se explicó en el paso 3. Coloque las flores con un espacio uniforme de separación entre sí, esparcidas por toda la guirnalda.

5 Aplique pegante a los extremos de las flores de relleno e insértelas en la guirnalda, variedad por variedad, a fin de llenar todos los claros. Inserte, si lo desea, las varitas, enredaderas y la cinta decorativa.

GUIRNALDAS DE MADRESELVA

Una guirnalda decorativa de enredadera de madreselva puede servir para adornar una mesa, una pared o una repisa. Estas guirnaldas se pueden llenar con pequeños manojos de verdor o de un corto y espeso follaje, dependiendo de las longitudes que se apliquen para los elementos que conformen el arreglo floral.

Las guirnaldas elaboradas con elementos naturales secos son de naturaleza frágil y por ello las de mayor tamaño ofrecen dificultades para trasladarlas de sitio y para ser arregladas una vez han sido terminadas. Por esa razón, es aconsejable diseñar la guirnalda en el lugar o muy cerca del lugar donde habrá de ser exhibida.

GUIRNALDA DE MADRESELVA

MATERIALES

- Enredaderas de madreselva
- Espárrago ('plumosa') preservado u otro tipo de follaje
- Rosas de seda o pergamino u otras flores dominantes
- Granos de pimiento y vainas de nigella u otros elementos secundarios

- Lepidio (o cardamina), armeria y verónica secos u otra clase de elementos de relleno
- Corta-alambres
- Alambre para arreglos florales
- Cinta decorativa

1 Corte las enredaderas de madreselva para formar arcos de la longitud que se desee; átelos con alambre de floristería.

2 Inserte las ramitas de espárragos entre las enredaderas hasta que se tenga la frondosidad que se desee; fíjelas con pegante. Cuando se utilizan tallos cortos, el diseño se hace más compacto.

3 Inserte la rosa más grande en el centro de la guirnalda para crear un punto focal. Inserte las demás rosas, con un espacio uniforme de separación entre sí esparcidas a todo lo ancho de la guirnalda; fíjelas con pegante caliente.

4 Coloque los granos de pimienta de manera que se distribuyan como radios de una circunferencia con respecto al punto central; distribúyalas con una separación uniforme entre sí. Inserte las vainas de nigella, uniformemente por todo el arreglo.

5 Agregue el lepidio (o cardamina), armeria y la verónica, variedad por variedad, y a manera de radios con respecto al punto focal central. Inserte la cinta decorativa en la guirnalda y forme bucles en el centro; adhiérala con pegante caliente.

ARBOLITOS DECORATIVOS

Los arbolitos decorativos constituyen arreglos florales únicos en su género que pueden presentarse individualmente o en pares para imprimir un estilo clásico cuando se les coloca sobre la repisa de una chimenea o sobre una alacena. Como base del arbolito decorativo se puede utilizar un candelero, como los que aparecen aquí. O puede ser una rama o un taco de madera encajado en yeso blanco. En la copa del árbol, por lo general, se cubre una bola o un cono con musgo, enredaderas y otros adornos florales. Tanto el cono como la bola pueden estar hechos de moldes de espuma o de parra.

Los arbolitos florales de candelero han sido adornados con elementos de seda y elementos naturales secos a fin de producir una apariencia romántica.

Los arbolitos de musgo han sido diseñados como un par. El arbolito decorativo de la izquierda posee dos ramitas entrelazadas que conforman el tronco. El de la derecha es una variación sencilla con la copa formada por una esfera recubierta de musgo y adherida al reborde de la maceta.

Este arbolito floral de piso se adornó con enredadera de arándano, ramos verdes secos y otros elementos naturales secos.

El arbolito de frutas fue decorado con rebanadas de frutas, frutas artificiales y cinta decorativa.

MOLDES PARA ARBOLITOS DECORATIVOS

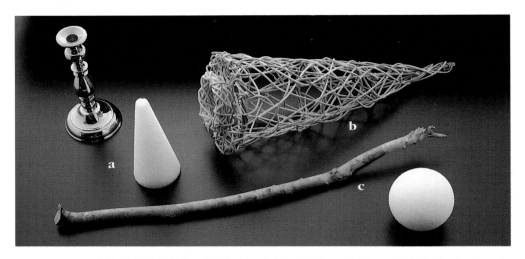

Los arbolitos decorativos se pueden elaborar a partir de un candelero y un cono de espuma dura (**a**). O si el arbolito se va a insertar en yeso blanco, se podrá utilizar una rama y un cono de parra (**b**) o una bola de espuma (**c**).

ARBOLITO DECORATIVO CON BASE DE CANDELERO

MATERIALES

- Rosas, hortensias y agavanzos de seda u otras flores dominantes
- Escaramujos de rosa y astilbe de seda y lepidio u otras flores para el relleno del arreglo
- Bayas artificiales; gaylussacia u otras ramitas
- Hiedra de seda u otra planta frondosa

- Candelero; cono de espuma
- Barbón o musgo negro
- Corta-alambres; arcilla adhesiva para arreglos florales; prendedores o clavos en U
- Pistola de pegante caliente y barras de pegante para cargar las pistola

1 Coloque un aro de arcilla adhesiva de floristería alrededor del reborde superior del candelero. Aplique pegante abundantemente por encima de la parte superior del candelero; deje enfriar un poco el pegante. Centre la base del cono de espuma sobre el candelero. Oprima hacia abajo el cono para asentarlo sobre el pegante y la arcilla adhesiva, haciéndolo girar suavemente para asegurarlo mejor.

2 Cubra el cono con una ligera capa de musgo negro y fíjelo con prendedores o clavos de florista en U. Corte los tallos de hiedra de la planta con un corta-alambres. Inserte los tallos en la espuma; envuelva ligeramente la hiedra alrededor del cono y asegúrela con prendedores. Inserte los tallos de las bayas en el cono, espaciándolos uniformemente.

3 Corte los tallos de las rosas en longitudes de 5 cm (2"); insértelos en el cono, variedad por variedad y espaciándolos uniformemente. Inserte las hortensias esparciéndolas por todo el arbolito y uniformemente espaciadas. Si fuere necesario, añádale longitud a los tallos de las hortensias (véase pág. 26).

4 Corte el lepidio, los escaramujos de rosa y el estilbe en longitudes entre 7,5 a 15 cm (3" a 6") e insértelos uniformemente en todo el arbolito, variedad por variedad. Doble los tallos y dé forma a las flores y hojas de tal forma que el arreglo logre su equilibrio y queden cubiertos los claros. Adorne con ramitas.

MATERIALES

- Elementos para arreglos florales, tales como musgo, frutas artificiales y elementos naturales secos
- Caja de madera, tiesto de cerámica u otro recipiente que se prefiera
- Cono o bola de parra o de espuma
- Una vara de rama, varitas o un tarugo para el tronco

- Yeso blanco; recipiente desechable para la mezcla
- Hoja de papel aluminio para trabajo pesado
- Para ciertos proyectos, se pueden llegar a necesitar implementos como una sierra, alambre de floristería y corta-alambres, dependiendo de los materiales seleccionados para el arreglo floral

1 **Molde de parra.** Forre el recipiente con dos capas de hojas de aluminio. Arrugue el aluminio sin comprimirlo demasiado, para ajustarlo a la forma del recipiente y dar espacio al yeso de expandirse mientras se va secando; el borde de la hoja de aluminio deberá quedar a 2 cm (3/4") por debajo del borde superior del recipiente.

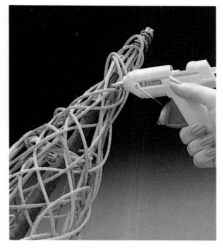

2 Inserte el tronco del pequeño árbol entre el molde de parra tan profundo como sea posible. Coloque el tronco en el recipiente y ajuste la altura del arbolito, cortando el tronco en la longitud que desee. Fije el molde de parra al tronco utilizando pegante caliente.

3 Mezcle el yeso blanco según las instrucciones de fábrica. Vierta el yeso en el recipiente y llene hasta el borde de las hojas de aluminio. Una vez el yeso empiece a espesarse, inserte el tronco y cerciórese de que ha quedado bien derecho. Sostenga el tronco con cinta en la forma que se ilustra en la foto, hasta tanto el yeso se haya asentado bien

4 Tape el yeso con musgo o con elementos con los que se vaya a decorar el arbolito. Adorne el molde de parra a su gusto.

Molde de espuma. Prepare el recipiente tal como se indicó en el paso 1 anterior. Inserte el tronco del arbolito en la bola o en el cono de espuma a una profundidad de medio diámetro de la bola. Coloque el tronco en el recipiente y ajústelo a la altura del arbolito con el corte del tronco a la longitud escogida. Aplique pegante caliente en el orificio de la bola de espuma; coloque la bola sobre el tronco. Proceda a continuación igual que en los pasos 3 y 4 inmediatamente anteriores.

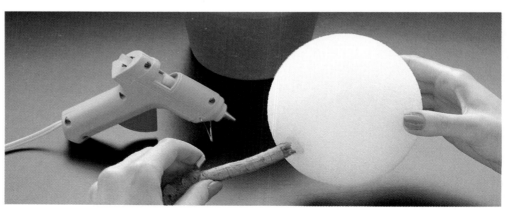

Accesorios
florales

Louise

A fin de crearse un recipiente original para un arreglo, se recurre a decorar una canasta, un cesto o un jarrón con musgo, hojas u otros elementos. La base del recipiente se puede elaborar en cartón o en una caja de madera, un jarrón de cristal o una maceta de barro. Los recipientes se podrán adornar con rafia o un lazo de cinta decorativa.

MATERIALES

- Una canasta, caja, jarrón o una maceta de barro
- Hojas, musgo, piñas de pino o flores preservadas o de seda
- Pistola para pegante caliente o pegante blanco
- Rafia o cinta decorativa, opcionales

RECIPIENTES DECORATIVOS

Con hojas. Fije hojas de seda u hojas preservadas en hileras al jarrón u otro tipo de recipiente, utilizando pegante caliente; cubra parcialmente unas hojas con otras según sea necesario para recubrir todo el recipiente. Si lo desea, puede envolver el margen o borde superior del recipiente con las hojas. Adorne el recipiente con rafia o cinta decorativa, según prefiera.

Con piñas de pino. Recubra ligeramente la caja de cartón con musgo en lámina y adhiéralo con pegante caliente. Corte las escamas de uno de los lados de la piña del pino a fin de dejarle esa superficie lisa. Fije con pegante caliente las piñas de pino a los lados de la caja, colocándolas todas en la misma dirección.

Con musgo. Fije el musgo de lámina a los lados de la maceta de barro, con pegante caliente; recubra totalmente la maceta y deje el nivel del musgo ligeramente por encima del margen circular del recipiente.

Con flores. Adhiera los pétalos de las flores al recipiente utilizando pegante blanco. Si desea agregar otro detalle decorativo, aplique pegante al respaldo de las cabezuelas de las flores y de las hojas y adhiéralas a los lados del recipiente.

Los moldes metálicos de formas y tamaños diversos, pueden ser recubiertos con musgo en lámina para crear la apariencia propia de un jardín de arbolitos decorativos. Los moldes, que se pueden adquirir en tiendas de artesanías y algunos almacenes, se envuelven primero con una malla de alambre y luego con el musgo en láminas, tal como se ilustra abajo.

También se pueden decorar otros moldes metálicos tales como jaulas para pájaros, con enredaderas de hiedra, flores, bayas o frutas pequeñas y cintas decorativas, utilizando la imaginación y creatividad propias. Sólo tiene que trenzar las enredaderas alrededor de los moldes metálicos y aplicar pegante caliente para fijar adornos adicionales.

DECORACION DE MOLDES DE ALAMBRE

MATERIALES

- Molde metálico según prefiera, como la silueta de un animal
- Malla de alambre, tal como la que se utiliza para los gallineros

- Musgo en lámina
- Corta-alambres; alambre para arreglos florales

1 Coloque la malla de alambre sobre el molde metálico y dóblela alrededor de los contornos del molde. Corte los sobrantes de malla; enrolle los extremos del alambre alrededor del molde a fin de asegurarla a éste.

2 Humedezca ligeramente el musgo en lámina con agua a fin de darle mayor flexibilidad. Recubra el molde metálico con el musgo y fíjelo con alambre para arreglos florales.

Los moldes metálicos se pueden recubrir con musgo en láminas, tal como se ilustra con el molde de figura de animal. O decore los moldes metálicos como la jaula de los pájaros y el arbolito esférico con enredaderas, flores y follaje.

POMAS

ADORNOS CON FRAGANCIA

Los adornos fragantes, o pomas, elaborados con elementos florales aromáticos, esparcen una delicada fragancia en una sala o habitación. Cuélguelos de manera decorativa en el centro de una ventana o de una puerta, o dispóngalos en grupos dentro de tazones o cestos que muy bien podría colocar como centro de mesa de comedor.

Las pomas frutales se diseñan dándole forma a huevos y esferas de espuma para que semejen frutas. Decórelas con flores, pétalos y hojas.

Este adorno fragante fue recubierto con pétalos de rosas. Los botones de rosa, el espárrago y las cintas decorativas, adheridos con pegante caliente, le imprimen un toque de acabado en la cima de la poma, que se puede atar al tirador de una lámpara o al pilar de una cama.

Esferas recubiertas de hojas. Las hojas pueden ser adheridas con pegante o fijadas con clavos decorativos como detalle de realce. Combine las esferas de diversos tamaños y apariencias, agrupándolas en una canasta.

MATERIALES

- Lavándula, hojas de boj, milenrama (o milhojas), pétalos de rosas, pétalos de girasol, amarantina (o perpetua encarnada), pétalos de caléndula u otros elementos florales que se deseen
- Hojas secas o de seda: yerbaluisa, de árbol de piña y de vid
- Varitas; clavitos de especia
- Bolas, huevos y coronas de espuma en diferentes tamaños, según las clases y tamaños de frutas que se deseen
- Corta-alambres; cuchillo aserrado
- Pistola de pegante a baja temperatura; pegante blanco espeso para manualidades

1 Uvas. Aplique pegante blanco a las bolitas de espuma; hágalas rodar en los capullos de lavándula para que queden recubiertas. Déjelas así hasta que se sequen.

2 Forme un racimo de uvas fijando a una varita de 7,5 a 10 cm (3" a 4") de longitud varias bolitas recubiertas con lavándula, utilizando la pistola de pegante. Adhiera una hoja seca o de seda al extremo del racimo.

1 Pera. Presione el extremo de un huevo de espuma contra una mesa; hágalo rodar de lado a lado suavemente para dar la forma de pera al extremo. Suavice los contornos presionando la espuma con los dedos tanto como fuere necesario.

2 Aplique pegante blanco a la espuma; haga rodar la pera en las hojas de boj o en el milenrama a fin de que quede recubierta. Inserte la varita de 5 cm (2") en el extremo de la pera y adhiérala con la pistola de pegante.

1 Manzana. Presione una bola de espuma contra una mesa; haga rodar suavemente los dos tercios inferiores de la bola de lado a lado para aplanarla y angostarla un tanto y formar la base de la manzana.

2 Inserte el cuchillo en ángulo en la parte superior de la manzana; talle y extraiga un pedazo de forma cónica de aproximadamente 1,3 cm (1/2") de largo. Haga lo mismo en la base de la manzana para extraer un pedazo cónico de 6 mm (1/4").

3 Suavice los bordes presionando la espuma con los dedos. Aplique pegante a la espuma y ruédela sobre los pétalos de rosas para recubrirla. Inserte la varita de 5 cm (2") y la yerbaluisa en la parte superior de la manzana y adhiéralas con la pistola de pegante.

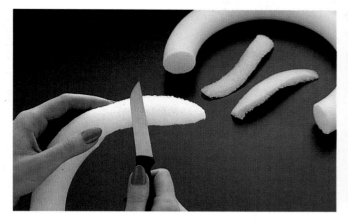

1 **Banana.** Corte un arco de 25,5 cm (12") de un molde de espuma para corona; moldee la banana adelgazando los extremos con el cuchillo.

2 Aplique pegante blanco a la espuma; hágala rodar sobre los pétalos de girasol para que quede recubierta. Inserte los clavitos de especia en los extremos.

Piña. Corte el extremo inferior de un huevo de espuma para darle forma de una base plana. Adhiera con pegante una estaca dentro de la base del huevo para facilitar la labor de decoración. Aplique pegante a la amarantina con la pistola de pegante. Corte la estaca de la base.

Naranja. Haga un corte en la parte superior y otro en la base de la bola de espuma con los dedos. Aplíquele pegante blanco y hágala rodar sobre los pétalos de caléndulas para recubrirla. Inserte un clavito de especia en cada extremo.

ADORNOS RECUBIERTOS CON HOJAS

MATERIALES

- Bolas de espuma
- Hojas preservadas, artificiales o frescas
- Pistola de pegante a baja temperatura o clavos decorativos

Esferas con hojas. Adhiera las hojas en hileras a las bolas de espuma, utilizando pegante; cada hilera de hojas se va superponiendo a la anterior.

Esferas con hojas y clavos decorativos. Adhiera las hojas a las bolas de espuma formando hileras e inserte los clavos en la punta de cada hoja para asegurarlas; cada hilera se va superponiendo a la anterior.

*Un **candelabro** ha sido decorado con ramilletes florales elaborados en elementos de seda y materiales naturales secos. Los brazos del candelabro se envolvieron con hiedra y rafia.*

*El **marco** de superficie plana se decoró con rosas de seda, hortensias secas y vainas de amapola.*

*La **canasta** (a la izq.) con el borde recubierto en musgo fue decorada con peonías, hortensias, claveles dobles, granos de pimienta y hojas de gaulteria o 'salal'.*

CANDELABRO CON DETALLES FLORALES

MATERIALES

- Elementos que desee para el arreglo floral
- Corta-alambres; alambre para tallos
- Cinta floral
- Rafia o cinta decorativa

1 Agregue tallos de alambre a los elementos individuales del arreglo floral, si fuere necesario (veáse pág. 26). Con la rafia forme bucles y fíjelos a los tallos de alambre. Combine los elementos en tres manojitos; fije cada uno a la parte superior de los tallos con cinta floral.

2 Conforme el ramillete uniendo los tres manojitos florales con cinta floral envuelta a 2,5 cm (1") de la parte superior de los tallos.

3 Corte todos los tallos del ramillete a excepción de dos. Doble y dé forma a los tallos y hojas para imprimirles la apariencia que desee. Asegure el ramillete al candelabro utilizando los tallos que quedan.

MARCOS Y CANASTAS CON DETALLES FLORALES

MATERIALES

- Elementos que se deseen para el arreglo floral
- Musgo en láminas
- Marco o canasta
- Corta-alambres; pistola de pegante caliente

1 **El marco.** Cubra el marco con musgo en láminas, asegúrelo con pegante caliente. Humedezca ligeramente el musgo, si lo desea, para volverlo más flexible.

2 Fije los adornos al marco según lo desee, utilizando pegante caliente.

La canasta. Recubra el margen superior de la canasta con musgo tal como se indicó en el paso 1 para el marco. Fije los adornos florales al margen superior con pegante caliente.

Esta bandeja de servicio *fue decorada con un redondel de hiedra y flores de seda. La enredadera de hiedra rodea la bandeja y se entrelaza en los extremos. Como realce, se envolvieron tallos de flores de seda alrededor de la enredadera.*

La veladora *se encajó en una alcachofa seca a la que se le extrajo su parte interior para crear la cavidad y se le dio una capa de pintura metálica dorada con aerosol.*

Un arreglo complementario y una servilleta con decoración *(pág. de enfrente) le da un aspecto festivo a la bandeja de desayuno. Para elaborar el detalle decorativo de la servilleta, anude las flores de seda con cinta floral. La cinta queda oculta bajo el encaje francés anudado alrededor de la servilleta.*

La copa, el tarjetero del individual y la servilleta *(a la derecha) fueron decorados con flores secas. Las flores se anudaron en ramitos con cinta decorativa. Los ramitos de la copa y la servilleta tienen una cinta decorativa adicional a fin de asegurarlos. El ramito del tarjetero se adhirió con pegante caliente.*

GLOSARIO

Acebo:
> Arbol aquifoliáceo de hojas de color verde oscuro, lustrosas, crespas y espinosas.

Arándano:
> Planta de las ericáceas, de ramas angulosas, hojas alternas, flores solitarias de color blanco, verdoso o rosado.

Arpillera:
> Tejido por lo común de estopa muy basta, con que se cubren determinadas cosas para protegerlas del polvo y del agua.

Asimetría:
> Falta de simetría. Sin proporción de las partes, sin armonía.

Boj:
> Arbol buxáceo siempre verde.

Brezo:
> Arbusto ericáceo que puede alcanzar dos metros de altura, de hojas lampiñas, flores pequeñas de color blanco o rojizo y madera dura.

Crescendo:
> Aumento gradual de las cosas o sonidos.

Estival:
> Relativo al estío o verano.

Follaje seco:
> Conjunto de hojas de árboles y plantas con un tratamiento especial de secado.

Gaulteria:
> Planta ericácea, trepadora, de florecillas blancas o rosadas.

Lepidio:
> Planta perenne, crucífera con tallos lampiños, hojas con dientes agudos en el margen y fruto seco, con semillas negruzcas.

Lezna:
> Instrumento punzante que se utiliza para agujerear, coser y pespuntear.

Minutisa:
> Planta de la familia de las cariofiláceas de flores olorosas.

Papel maché:
> Papel elaborado a partir de fibras y que se moldea para diferentes usos.

Pebete:

Planta herbácea de las fitoláceas, de flores olorosas, cultivada en jardines.

Popurrí:

Mezcolanza de cosas diversas.

Rafia:

Nombre común a varias palmeras que dan una fibra muy resistente y flexible.

Tarugo:

Trozo de madera corto y grueso.

Vano:

Hueco de una abertura en un muro, una pared o en una ventana.

INDICE

A

Acabados, 21, 26-27
Aciano seco, 69
Accesorios florales,
  véanse, florales, accesorios
Adhesiva, arcilla para arreglos florales, 19
Adhesivos, 19
Aerosol, sellador en, para arreglos
  florales, 27
Agavanzo de seda, 30, 106, 112
Alambre de floristería, 19, 26-27
Alambre de floristería
  en madeja de paleta, 19
Alambre para tallos, 19, 26-27
Alambres y prendedores, 19, 26-27
Alcachofas secas, 66, 70, 82, 127
Aliento de bebé, véase: clavelina
Almacenamiento, 22-23
Almarilidíacea, de seda, 31, 105
Amarantina, seca, 63, 70, 78, 81, 122
Anturio, de seda, 10, 47
Arándanos de pantano, artificiales, 32, 39
Arbol de ficus, 59
Arbolitos decorativos, 110-113
Arbolitos decorativos con base
  de candelero, 110, 112
Arbolitos frutales, 111
Arbustos, en arreglos de grupos
  de plantas, 58-59
Arcilla adhesiva para arreglos florales, 19
Area de trabajo, 122 - 123
Armeria seca, 63, 70, 88, 109
  de seda, 30, 43
Armonía, en el diseño floral, 13
Arreglo circular, 9
Arreglos con elementos secos de plantas
  naturales, 73-85
  canastas jardineras, 76, 85
  canastas para colgar en la pared, 78
  centros de mesa, 73
  jardines miniaturas, 80-83
  triangulares, 75
Arreglos decorativos para grupos
  de plantas, 58-59
Arreglos en crescendo, 8
Arreglos de una sola variedad,
  en seda, 34-37
Arreglo en forma de abanico, 8
Arreglo en forma de L, 8
Arreglos de seda, 34-59
  canastas de frutas, 54-57
  canastas de recolección de cosecha, 50-53
  centros de mesa, 39
Arreglos en forma de S, 9, 43
Arreglos decorativos con grupos
  de plantas, 58-59
  perfil en S, 43
  triangulares, 40-41
  tropical, 47-49
  una sola variedad, 34-37
Arreglos florales, 7-27
Arreglo horizontal, 8
Arreglo oval, 8
Arreglo paralelo, 9
Arreglo triangular o de tres lados,
  definición, 9

Arreglos triangulares,
  con elementos secos de plantas
    naturales, 75
  de seda, 41
Arreglos tropicales de seda, 47-49
Arreglo vertical, 9
Artificiales, canastas de frutas, 54-57
Artificial, fruta, 32 - 33, 54 - 57, 81, 111
Asteres, secas 69
Astilbe de seda, 31, 105-106, 112
'Aves del paraíso', de seda, 31, 47

B

Bandeja, con detalles florales, 127
Barbón, véase: musgo negro
Bases para coronas florales, 88-91, 99
Bayas,
  artificiales, 32, 106, 112
  naturales secas, 66-67
Begonia, de seda, 31, 33, 39, 41, 100
Boj, coronas de, 88, 91
Boj, natural seco, 65, 122
Boston, helecho de, 64
Botón de oro, de seda, 30, 41
Brezo común, seco, 63, 69, 99
Bulbo de ajo, seco, 66, 82

C

Calabaza, enredadera de, en seda, 33, 55
Caladio, de seda, 33, 55
Canastas,
  con detalles florales, 124-125
  de frutas artificiales, 54-57
  de recolección de la cosecha, con elementos
    de seda, 50-53
  jardineras con elementos
    naturales secos, 76, 85
  para colgar en la pared, con elementos
    secos de plantas naturales, 78
Candelabros, con detalles florales, 124-125
Caspia, seca, 68, 70, 97
Cardamina, seca, 62, 109
Centros de mesa,
  con elementos de seda, 39
  con elementos naturales secos, 73
Ciento en rama, 31, 39
Cilandrillo, seco, 65, 73
Cinta floral, 19, 26-27
Clavos plásticos de ancla, 19
Clavos en S, 19
Clavos en U, 19
Clavelina, de seda, 31, 70, 106
Color, en el diseño floral, 11
Consuelda,
  natural seca, 63, 70, 73, 81, 85
  de seda, 30
Contraste, en diseño floral, 13
Copas, con detalles florales, 127
Coronas,
  de boj, 88, 91
  de gaulteria o 'salal', 88-91
  de parra, 92-95
Corta alambres, 18
Coxcomb, seco, 63, 73, 82, 90
Culantro, véase: cilandrillo

D

Delfinio,
  seco, 68, 70
  de seda, 30, 43, 100
Detalles decorativos para mesa, 126-127
Detalles decorativos para sala, 124-125
Diseño floral, 10-13

E

Elementos de línea, en los arreglos florales, 14
Elementos de llenado, en los arreglos florales, 14
Elementos dominantes, en los arreglos
  florales, 14
Elementos secos de plantas naturales,
  véanse también: arreglos con elementos secos
  de plantas naturales
  bayas y vainas, 66-67
  flores y granos, 62-63
  follaje, 64-65
  métodos para secar flores, 68-71
Elementos secundarios, en los arreglos
  florales, 14
Eneas, secas, 62, 100
Enredaderas,
  de calabaza, de seda, 33
  de madreselva seca, 66
Equilibrio asimétrico, en el diseño floral, 12
Equilibrio, en el diseño floral, 12
Equilibrio simétrico, en el diseño floral, 12
Escala, en el diseño floral, 13
Escaramujo oloroso, de seda
  véase: agavanzo
Escaramujos de rosa, de seda, 33, 112
Espárrago, seco, 109
Espumas de floristería,
  véanse: floristería, espumas
Eucalipto con semillas, seco, 64, 90
Eucalipto seco, 64-65, 78, 97
Eucalipto "silver dollar", seco, 65
Eucalipto "spiral", seco 64

F

Festones,
  de gaylussacia, 98-101
  de parra, 96-97
Flexibles, guirnaldas, 105
Floral, cinta, 19, 26
Floral, diseño, 10-13
Florales, accesorios,
  detalles decorativos para mesa, 126-127
  detalles decorativos para sala, 124-125
  moldes metálicos, decorados, 119
  pomas, 121-123
  recipientes decorados, 116-117
Florales, ramos, 103
Flores,
  véanse también: las flores por sus nombres
  específicos:
  de seda, 30-31
  métodos para secar, 68-71
  secas, 62-63
Floristería, alambres de, 19, 26-27
Floristería, clavos de, 19

Floristería, espumas de, 20
  arreglo, 24, 25
Floristería, picos de, 19, 26
Follaje
  de seda, 32-33
  seco, 64-65
Follaje, bayas y frutas de seda, 32-33
Forma, en el diseño floral, 8-10
Forsitia, de seda, 30, 41
Fresia, de seda, 31, 106
Fruta artificial, 33, 50 - 51, 54-57, 111

G
Galax, seco, 64, 73
Gaulteria, seca, 65, 75, 88, 90
  arándano (o gaylussacia), festones,
    98-101
  con helecho 'brake', seco, 64
Gel de sílice,
  para almacenar elementos secos de plantas
    naturales, 23
  para secar flores, 69, 71
Gingco, de seda, 32, 51, 103
Girasoles,
  de seda, 31, 51
  secos, 68, 70
Granadas, secas, 67, 82
Granos de canela, secos, 67, 97
Granos de pimienta, secos, 67, 109
Granos secos, 62-63, 70
  véanse también: los granos por sus nombres
    específicos.
Guirnaldas,
  de madreselva, 109
  flexibles, 105
  moldeadas, 106-107

H
Helechos, secos, 75
  cilandrillo, 65
  de Boston, 64
Herramientas para cortar, 18
Herramientas y materiales, 18-21
Hiedra de seda, 41, 59, 92, 105-106, 112
Hojas, 70, 117, 123
Hortensias,
  de seda, 30, 106
  secas, 62, 70, 73, 92, 112

I
Importancia visual, en diseño floral, 12

J
Jacinta azul, 41
Jardín miniatura de sombra, 83
Jardineras, canastas, con elementos secos de
  plantas naturales, 76, 85
Jardines miniatura, 80 - 83
Jengibre, raíz de: véase: raíz de jengibre
  heliconia

L
Lámina, musgo en, 20
Lavándula, seca, 62, 70, 81, 92, 122
Lepidio, seco, 63, 73, 112
Leptospermum, seco, 62, 100
Liatris, seco, 69 -70
Lilas, de seda, 31, 103
Limonio, seco, 62, 68, 81
Limpieza de los elementos del arreglo
  floral, 27
Lino, seco, 68
Lirio, de seda, 30, 34
Líquen de los renos, 20

M
Manzanas artificiales, 51, 55, 81
Madreselva, enredadera, seca, 66
Marcos, con detalles florales, 124 - 125
Margaritas, de seda, 30, 41
Materiales y herramientas, 18 - 21
Métodos para secar flores,
  con gel de sílice, 69, 71
  secado al aire, 68, 70
Mimosa, seca, 69 - 70
Miniatura, jardines, 80 - 83
Minutisa, de seda, véase: ciento en rama
Moldeadas, guirnaldas, 106 - 107
Moldes metálicos, decoración de, 119
Musgos, 20, 70, 117
Musgo, arbolitos decorativos de, 111
Musgo negro, 20

N
Nueces, secas, 66

O
Otoño, follaje de, en seda, 32, 51

P
Pared, canastas para colgar en, 78
Parra, coronas de, 92-95, 97
Pegante para manualidades, 19
Peonías,
  de seda, 31, 99
  secas, 69 - 70
Pera, artificial, 33
Peso visual, en el diseño floral, véase:
  importancia visual
Picos de floristería, 19
Pintura acrílica, 21, 26
Pintura de base de parafina, 21, 27
Pintura en aerosol, 21, 26
Pinturas para acabados, 21, 26 - 27
Piñas de pino, secas, 67, 117
Piso, arbolitos decorativos de, 111
Pistola de pegante y barras de pegante para
  cargarla, 19
Plantas de seda, 58 - 59
Plantas veteadas, de seda, 47, 105
Pomas, 121-123
  frutales, 121-123
  recubiertas con hojas, 121, 123
Prendedores para arreglos florales, 19
  véanse también: clavos en U o S
Prendedores y alambres de floristería, 19,
  26-27
Proporción, en el diseño floral, 13
Protea, seca, 63, 65, 68, 70, 75

R
Raíz de jengibre heliconia, de seda, 31, 47
Ramos florales, 103
Ramitos de arándano amargo, 106
Recipientes, 16-17, 24-25
  decorativos, 116-117
Recipientes de vidrio, arreglo de la espuma de
  floristería, 25
Rosas miniatura, de seda, 30

S
Sala, detalles decorativos para la, 124-125
Salal, véase: gaulteria
Sarracenia, seca, 63, 99
Secado al aire, 68, 70
Secos, elementos de plantas naturales, véase:
  elementos secos de plantas naturales
Seda flores, 30-31
Seda, helechos, 58
Sellador para arreglos florales en aerosol, 21,
  27, 71
Servilletas, con detalles florales, 127
Siemprevivas, secas, 62, 78, 81-82
Sílice, gel de, véase: gel de sílice

T
Tableros perforados para colocar implementos,
  en el área de trabajo, 23
Tarjeteros de individual, con detalles
  florales, 127
Textura, en el diseño floral, 10
Trigo, seco, 62, 97

U
Uvas artificiales, 33, 51, 81, 92, 99

V
Vainas de amapola, secas, 47, 66
Vainas de nigella, secas, 67, 70, 78, 82, 109
Vainas secas, 66-67
Velas con detalles florales, 127
Virutas de madera, 20

Y
Yerba,
  cardamina, 65
  yerba de yuca glauca o yerba de oso,
    seca, 65
Yerbas surtidas, secas, 62, 92

CY DECOSSE INCORPORATED
Chairman: Cy DeCosse
President: James B. Maus
Executive Vice President:
William B. Jones

DECORATING WITH SILK & DRIED FLOWERS
Created by: The Editors of
Cy DeCosse Incorporated

Executive Editor: Zoe A. Graul
Senior Technical Director: Rita C. Opseth
Technical Director: Dawn M. Anderson
Senior Project Manager: Joseph Cella
Project Manager: Diane
Dreon-Krattiger
Senior Art Director: Lisa Rosenthal
Art Director: Stephanie Michaud

Writer: Dawn M. Anderson
Editor: Janice Cauley
Sample Supervisor: Carol Olson
Photo Coordinator: Diane Dreon-Krattiger
Senior Technical Photo Stylist: Bridget
Haugh
Styling Director: Bobbette Destiche
Crafts Stylists: Coralie Sathre, Joanne
Wawra
Artisans: Caren Carlson, Phyllis Galbraith,
Linda Neubauer, Carol Pilot, Nancy
Sundeen, Deborah Weber
*Vice President of Development Planning
& Production:* Jim Bindas
Creative Photo Coordinator: Cathleen
Shannon
Photo Studio Manager: Mike Parker
Assistant Studio Manager: Marcia
Chambers
Lead Photographer: Bill Lindner
Photographers: Stuart Block, Rebecca
Hawthorne, Mike Hehner, Rex Irmen,
John Lauenstein, Mark Macemon, Paul
Najlis, Charles Nields, Mike Parker,
Robert Powers
Contributing Photographers: Kim Bailey,
Kenton Cornett, Paul Markert, Brad Parker
Technical Photo Stylist: Susan Pasqual

Production Manager: Amelia Merz
Electronic Publishing Specialist: Joe Fahey
Production Staff: Adam Esco, Mike Hehner,
Jeff Hickman, Janet Morgan, Robert
Powers, Mike Schauer, Kay Wethern,
Nik Wogstad
Shop Supervisor: Phil Juntti
Scenic Carpenters: John Nadeau, Mike
Peterson, Greg Wallace.
Consultants: Michael Basler, Nena Benhoff,
Jill Englehart, Jackie Wilkinson
Contributors: C. M. Offray & Son, Inc.;
Houseparts Inc.; Lion Ribbon Company;
McCann Brothers; Sopp America, Inc.;
Sullivan's; Watson Smith; Wildwood
International